Korea 정보화
윈도우 10+인터넷

불필요한건 빼고 필요한 것만 공부한다!
Korea 정보화

윈도우 10+인터넷

발 행 일 : 2021년 11월 01일(1판 1쇄)
I S B N : 978-89-8455-062-9(13000)
정   가 : 12,000원

집   필 : 최경미
진   행 : 유시온
본문디자인 : 앤미디어

발 행 처 : (주)아카데미소프트
발 행 인 : 유성천
주   소 : 경기도 파주시 정문로 588번길 24
홈페이지 : (자료실) www.aso.co.kr, www.academysoft.co.kr, www.asotup.co.kr
          (쇼핑몰) www.asomall.co.kr

※ 이 책은 저작권법에 따라 보호를 받는 저작물이므로 무단 전재와 무단 복제를 금지하며,
   이 책 내용의 전부 또는 일부를 이용하려면 반드시 (주)아카데미소프트의 서면동의를 받아야 합니다.

CONTENTS

CHAPTER 01 컴퓨터 장치 및 윈도우 10 시작하기 4
01 하드웨어 알아보기 5
02 소프트웨어 알아보기 7
03 윈도우 10의 바탕화면에 대해 알아봅니다. 9
04 윈도우 10의 [시작] 메뉴에 대해 알아봅니다. 10
05 시작 메뉴에서 [계산기] 앱을 실행합니다. 11
06 다양한 방법으로 앱을 실행해 봅니다. 12
07 시작화면에 자주 사용하는 앱을 고정시켜 봅니다. 14

CHAPTER 02 앱 타일의 위치 변경과 작업 표시줄 18
01 앱 타일의 위치를 변경한 후 크기를 조정해 봅니다. 19
02 자주 사용하는 앱을 작업 표시줄에 고정시켜 봅니다. 20
03 작업 표시줄 설정 및 위치를 변경해 봅니다. 22
04 작업 표시줄에 표시할 시스템 아이콘을 설정해 봅니다. 23
05 잠금 화면의 배경을 예쁜 사진으로 변경해 봅니다. 24
06 테마를 설정하여 윈도우 환경을 한 번에 변경해 봅니다. 26

CHAPTER 03 파일 탐색기 실행 및 화면구성 32
01 다양한 방법으로 [파일 탐색기]를 실행해 봅니다. 33
02 [파일 탐색기]의 화면 구성에 대해 알아봅니다. 34
03 파일을 숨기고 숨겨진 파일을 확인해 봅니다. 37
04 새로운 폴더를 만들어 봅니다. 39
05 파일을 다른 장소로 복사해 봅니다. 41

CHAPTER 04 파일 이동과 파일보기 48
01 파일을 다른 장소로 이동해 봅니다. 49
02 '미리 보기 창' 및 '세부 정보 창'을 활성화시켜 봅니다. 51
03 레이아웃을 다양한 형태(큰 아이콘, 자세히, 타일 등)로 변경해 봅니다. 53
04 파일들을 일정한 기준으로 '정렬' 및 '분류'시켜 봅니다. 54

CHAPTER 05 그림판으로 만화 작가되기 56
01 인터넷 그림을 복사해 봅니다. 57
02 그림판에 복사한 내용을 붙여넣은 후 수정해 봅니다. 58

CHAPTER 06 [그림판 3D] 앱으로 3D 물고기 만들기 62
01 [그림판 3D] 앱을 이용하여 3D 개체(물고기)를 삽입해 봅니다. 63
02 '채우기(■)' 및 '마커(▲)' 도구를 이용하여 무늬를 색칠해 봅니다. 64
03 스티커를 이용하여 눈을 만들어 봅니다. 66

CHAPTER 07 날씨 앱으로 날씨정보 확인하기 70
01 [날씨] 앱을 이용하여 우리 동네 날씨 정보를 확인해 봅니다. 71
02 [알람 및 시계]앱을 이용하여약속 시간을 알람으로 설정해봅니다. 75
03 [알람 및 시계] 앱으로 세계 시간 확인 및 [지도] 앱으로 위치 확인 77

CHAPTER 08 간단한 동영상 만들기와 게임 다운로드 82
01 [알씨] 앱을 설치해 봅니다. 83
02 간편만들기로 '동물원' 동영상을 만들어 봅니다. 84
03 상세꾸미기로 '동물원' 동영상을 편집해 봅니다. 85
04 Microsoft Store 앱을 실행하여 게임 다운로드 및 설치하기 87
05 게임을 실행합니다. 90

CHAPTER 09 [엣지]와 [네이버 웨일] 웹브라우저 94
01 마이크로소프트 엣지를 실행해 봅니다. 95
02 마이크로소프트 엣지의 화면 구성을 간단히 알아봅니다. 95
03 네이버 회원가입 96
04 로그인 및 로그아웃 98
05 메일 확인 98
06 메일 보내기 100
07 네이버 웨일을 실행해 봅니다. 101
08 웨일의 화면 구성을 알아봅니다. 101
09 네이버에서 지도를 검색해 봅니다. 102
10 웨일에서 모바일 창으로 지도를 검색해 봅니다. 103

CHAPTER 10 [크롬] 웹브라우저와 인터넷 중독 108
01 구글 크롬(Chrome)을 실행해 봅니다. 109
02 크롬의 화면 구성을 알아봅니다. 109
03 이미지를 검색해 봅니다. 110
04 스마트폰 등 인터넷 중독 알아보기 113
05 인터넷 및 스마트 폰 중독에 대해서 알아봅니다. 115

CHAPTER 11 알집으로 압축하고 알약으로 치료하기 118
01 윈도우에서 제공하는 압축기능으로 압축을 합니다. 119
02 알집으로 압축 및 압축 풀기를 해봅니다. 121
03 무료 백신 프로그램인 알약을 설치해 봅니다. 124
04 파일을 정리하고 내 컴퓨터의 성능을 올려보세요. 126

CHAPTER 12 최종 점검하기 130

01 CHAPTER 컴퓨터 장치 및 윈도우 10 시작하기

✱ 이번 장에서는

컴퓨터 하드웨어 구성 장치와 소프트웨어의 종류 그리고 윈도우 10 바탕화면에 대해서 알아봅니다.

▲ 컴퓨터 구성 장치

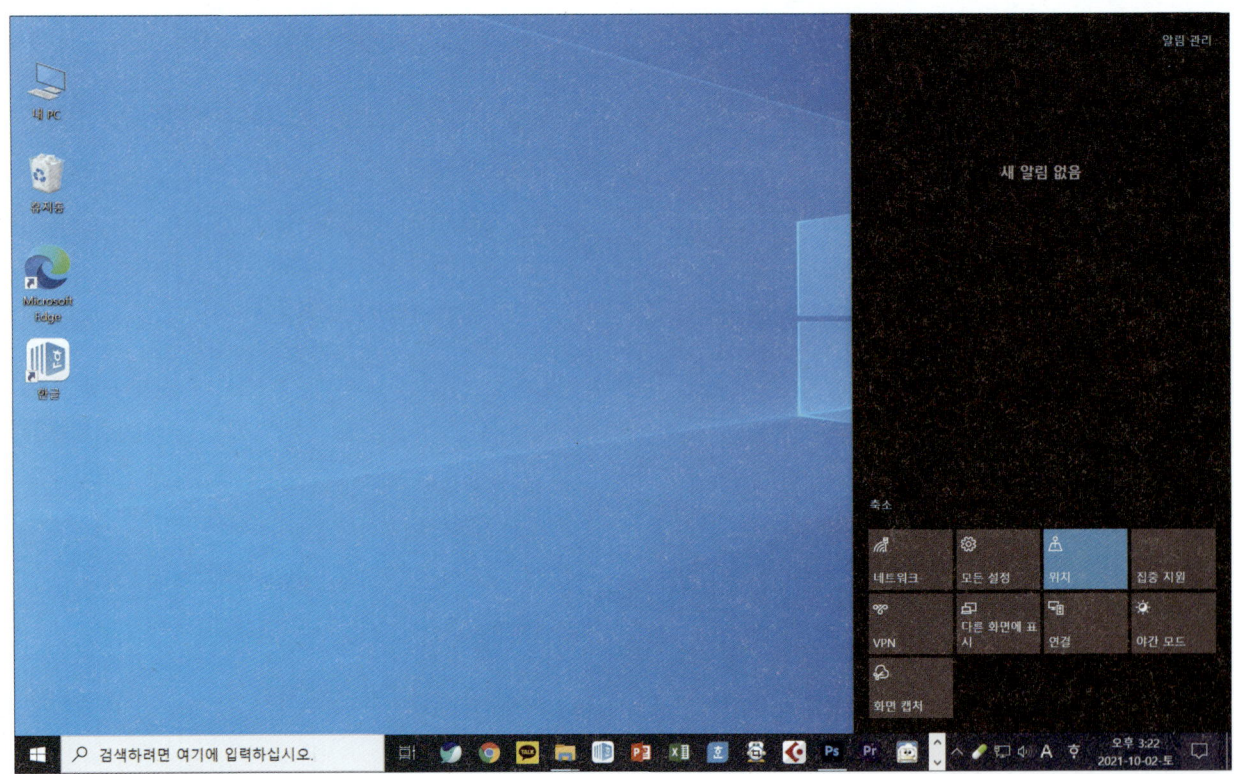

▲ 윈도우 10 바탕화면

01 하드웨어 알아보기

컴퓨터는 크게 하드웨어(H/W)와 소프트웨어(S/W)로 구성됩니다. 하드웨어란 컴퓨터를 구성하는 물리적 장치들로 본체, 키보드, 마우스, 모니터, 하드디스크, 그래픽카드 등으로 구성됩니다.

01 메인보드는 'CPU(중앙처리장치), RAM(주기억장치), HDD(하드디스크), VGA(그래픽카드)' 등을 장착할 수 있는 메인 기판으로 모든 장치의 데이터 입·출력을 관리 및 제어합니다.

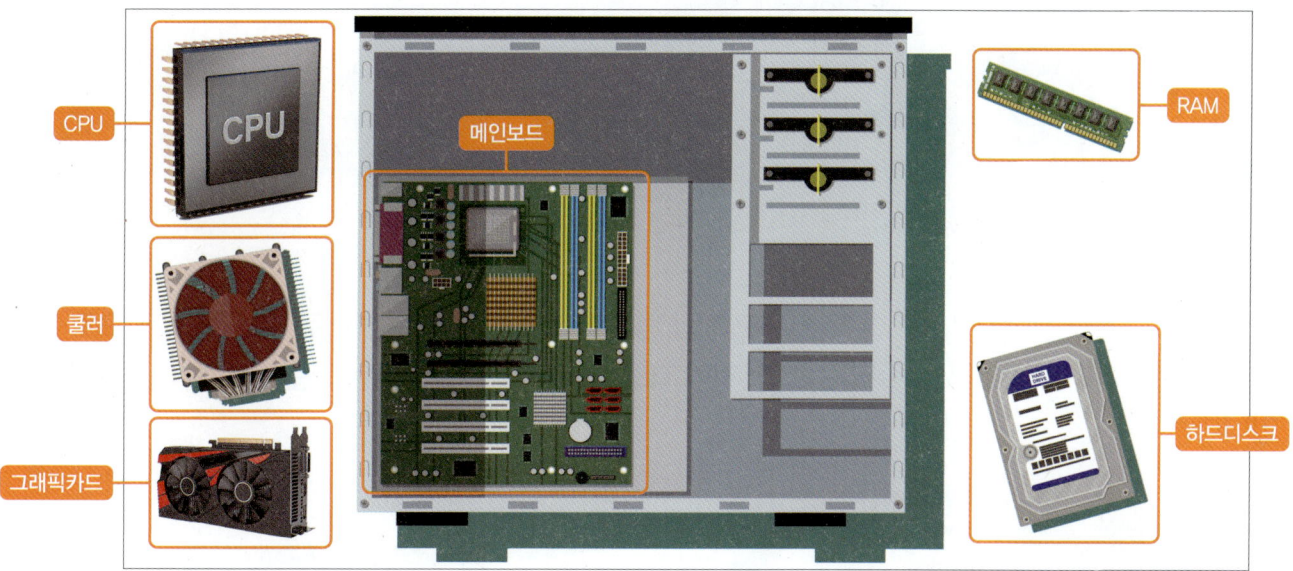

▲ 메인보드 및 주변장치

02 CPU(중앙처리장치)는 인간의 뇌에 해당되는 장치로서 컴퓨터에서 정보를 기억하고 처리하는데 핵심적인 역할을 수행합니다.

03 CPU 쿨러는 CPU의 온도를 일정하게 유지시켜 주기 위한 장치로 CPU에 장착되어 선풍기처럼 바람을 내보내서 온도를 유지시켜 줍니다.

▲ CPU(중앙처리장치)

▲ CPU쿨러

04 RAM은 컴퓨터의 주기억장치로 사용되는 메모리의 데이터를 읽고 쓸 수 있으며, 전원이 꺼지면 기억 된 내용이 모두 소멸되는 휘발성 메모리입니다. 또한 한글, 엑셀, 게임 등의 앱을 실행하면 RAM에 실행 파일들이 기억되므로 컴퓨터 속도에도 많은 영향을 주는 장치입니다.

▲ 메인보드에 장착된 RAM(램)

▲ RAM(램)

05 HDD(하드디스크)는 컴퓨터에 설치한 프로그램이나 데이터를 반영구적으로 저장할 목적으로 사용되는 보조기억장치로 RAM 보다는 느리지만 대용량 자료를 저장할 수 있는 비휘발성 저장장치입니다.

▲ HDD(하드디스크)

▲ HDD 내부

> **TIP**
>
> **컴퓨터 기억장치**
>
> 컴퓨터 기억장치는 크게 '주기억장치'와 '보조기억장치'로 구분됩니다. 주기억장치는 컴퓨터의 전원을 끄면 데이터가 지워지는 장치로 우리가 머릿속에서만 잠깐 기억하는 것과 비슷합니다. 반면 보조기억장치는 컴퓨터의 전원을 끄더라도 저장된 데이터가 계속 남아 있는 장치로 우리가 머릿속에서 기억하고 있던 내용을 노트 등에 기록하여 필요할 때마다 확인한 것과 비슷합니다. 대표적인 주기억장치로는 RAM(램)이 있으며, 보조기억장치로는 HDD(하드디스크), SD카드, USB 메모리 등이 있습니다.
> ※컴퓨터를 이용하여 작업을 할 때 중요한 자료는 반드시 보조기억장치 등에 저장해야 합니다.

06 VGA(그래픽카드)는 컴퓨터에서 처리되는 영상 신호를 모니터에서 볼 수 있도록 처리해 주는 장치입니다. 영상 작업이나 게임 등의 앱을 원활히 하기 위해서는 그래픽카드의 성능을 업그레이드 해야합니다.

▶ VGA(그래픽카드)

07 파워서플라이는 컴퓨터 내부에 전원을 공급하는 장치로 외부 전원선과 직접 연결되는 장치입니다.

▶ 파워서플라이

02 소프트웨어 알아보기

컴퓨터는 크게 하드웨어(H/W)와 소프트웨어(S/W)로 구성됩니다. 소프트웨어란 컴퓨터에서 사용되는 앱으로, 가장 중요한 윈도우와 우리가 많이 사용하는 게임, 한글, 파워포인트, 엑셀 등의 프로그램이 있습니다.

01 소프트웨어에는 응용 소프트웨어와 시스템 소프트웨어가 있습니다. 시스템 소프트웨어는 사용자들이 시스템(컴퓨터)을 효율적이면서도 쉽게 사용할 수 있도록 도와주는 소프트웨어로 일반적으로 운영체제(OS : Operating System)라고도 합니다. 대표적인 시스템 소프트웨어로는 마이크로소프트에서 개발한 'Windows 10'이 있습니다.

▲ Windows10 운영체제

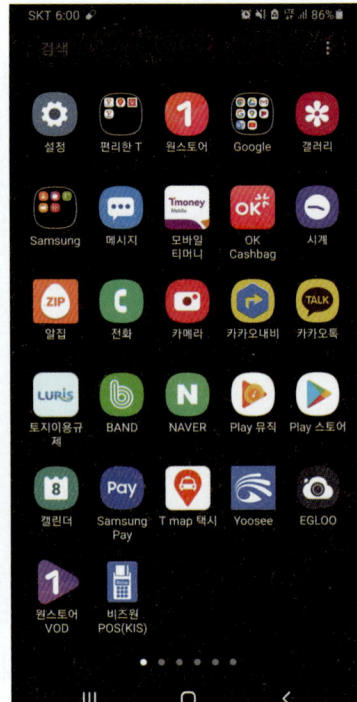
▲ 안드로이드 운영체제

02 응용소프트웨어는 시스템 소프트웨어(윈도우 10)와는 상대적인 것으로 특정 업무의 용도에 맞게 개발된 소프트웨어로 [한컴 오피스], [MS 오피스], [포토샵], [게임] 등이 있으며 앱(APP)이라고도 합니다.

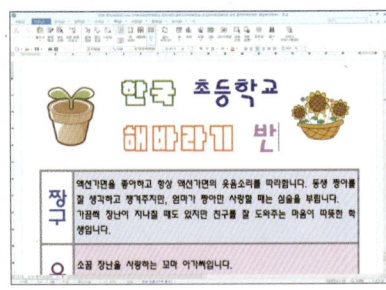
▲ 한글NEO

▲ 파워포인트 2016

▲ 게임

TIP

앱(APP) / 소프트웨어(Software) / 프로그램(Program)

우선 컴퓨터는 크게 하드웨어(Hardware)와 소프트웨어(Software)로 구분됩니다. 하드웨어는 CPU, RAM, 그래픽카드, 마우스, 본체, 모니터 등 눈에 보이는 물리적 장치들을 의미합니다. 소프트웨어는 컴퓨터 사용을 원활하게하는 운영체제인 윈도우, 안드로이드, 리눅스와 같은 시스템 소프트웨어(System Softwarw)와 우리가 사용하는 아래한글, 파워포인트, 엑셀, 게임 등을 응용 소프트웨어(Application Softwarw)라고 합니다.

프로그램이란 컴퓨터에게 내리는 명령어 집합을 의미하는데 이 명령어들이 모여 하나의 소프트웨어가 만들어지는거죠! 흔히 코딩이라고도 하죠!

우리가 말하는 앱(App)이란 응용 소프트웨어(Application Softwarw)를 줄여서 말하는 것입니다. 예를들어 아래한글, 파워포인트, 엑셀, 게임 등을 앱(App)이라고 하는데 넓은 의미로는 소프트웨어 또는 프로그램이라고 해도 틀린 것은 아니겠죠!

윈도우 10의 바탕화면에 대해 알아봅니다.

컴퓨터를 켜면 제일 먼저 보이는 것이 윈도우 10의 바탕화면으로 다양한 앱을 실행시키기 위한 첫 번째 컴퓨터 화면입니다.

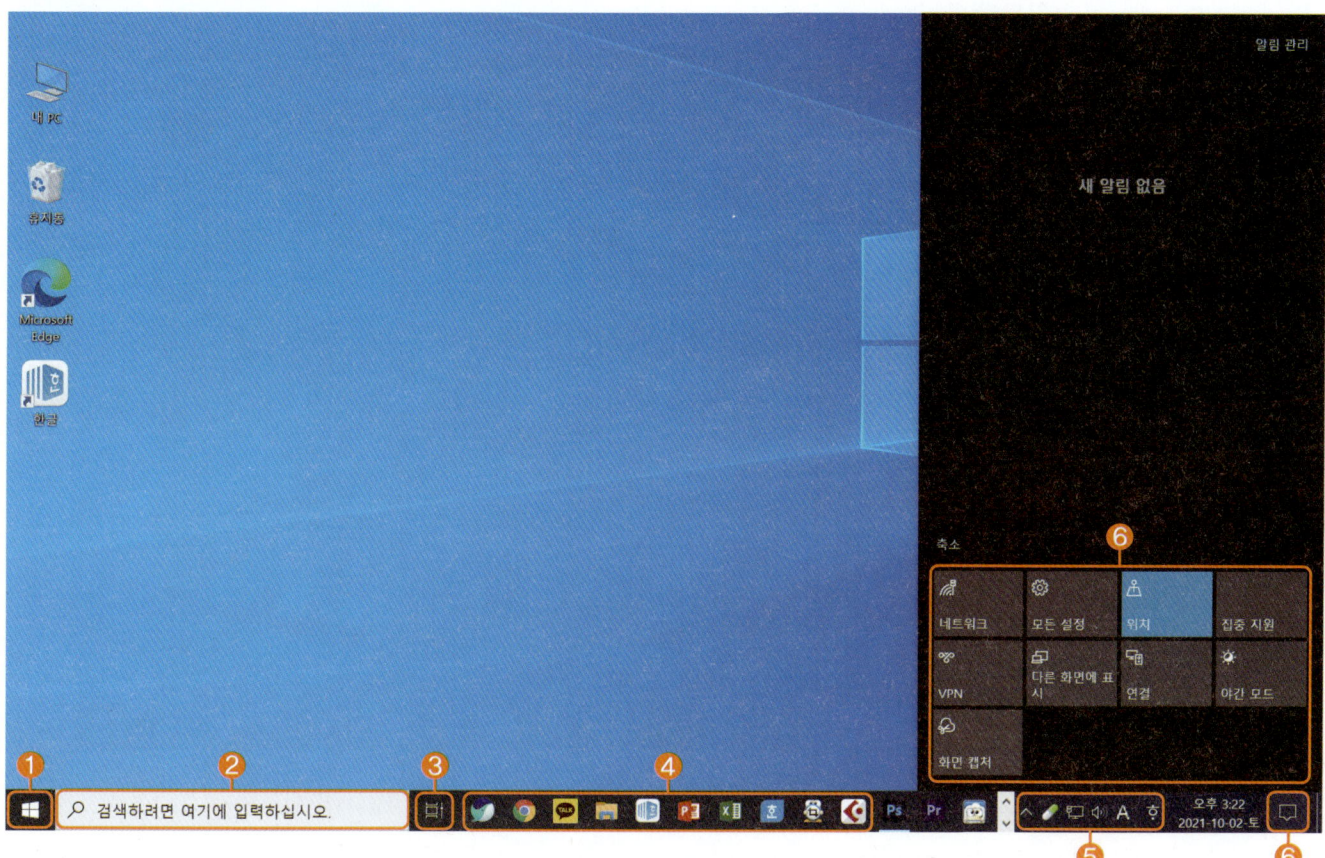

❶ **[시작] 메뉴** : 설치된 앱을 확인 및 실행 등 가장 자주 사용되는 메뉴입니다.
❷ **Windows 검색** : 현재 컴퓨터에 설치된 앱 또는 파일 등을 검색할 수 있습니다.
❸ **작업 보기** : 현재 작업 중인 앱을 한 눈에 볼 수 있습니다.
❹ **앱 아이콘** : 빠른 실행 앱 아이콘과 현재 실행 중인 앱들의 아이콘이 표시됩니다.
❺ **시스템 아이콘** : 현재 시스템의 여러 가지 상태(시계, 볼륨, 네트워크 등)를 아이콘으로 표시합니다.
❻ **알림 센터** : 자주 사용하는 설정(네트워크, 야간모드 등) 사항들을 관리할 수 있으며, 윈도우 업데이트 및 다양한 사항(메일, 일정, 경고 등)을 별도의 실행 없이 바로 바로 확인할 수 있습니다.

TIP

작업 표시줄

윈도우10 화면 아래쪽에 위치한 표시줄로 현재 실행 중인 앱들이 표시되며 윈도우10의 다양한 설정(검색, 작업보기, 시스템 아이콘, 알림센터 등)이 포함되어 있습니다.

04 윈도우 10의 [시작] 메뉴에 대해 알아봅니다.

윈도우 10의 [시작] 메뉴는 앱 등을 실행하거나 시스템(전원)을 종료하는 기능을 가지고 있는 중요하고 가장 많이 사용되는 메뉴입니다.

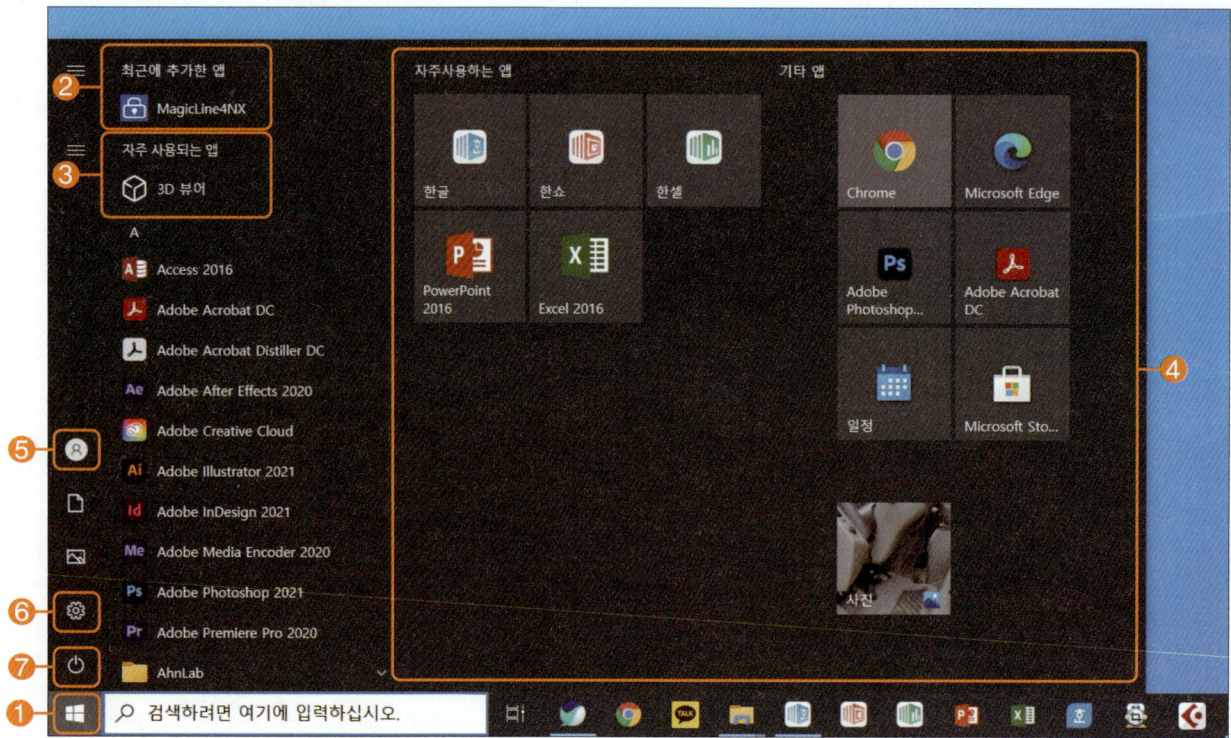

❶ [시작] 단추( )를 클릭합니다.
❷ **최근에 추가한 앱** : 최근에 설치한 앱 목록이 표시됩니다.
❸ **자주 사용되는 앱** : 자주 실행한 앱들의 목록이 표시됩니다.
❹ **라이브 앱 타일** : 윈도우10에서 기본적으로 제공하는 라이브 앱들을 확인할 수 있으며, 사용 자가 자주 사용하는 앱을 시작 화면(앱 타일)에 고정시킬 수도 있습니다.
❺ **사용자 계정** : 현재 로그인된 사용자 계정의 이름과 사진이 표시됩니다. 해당 아이콘을 클릭하면 '계정 설정 변경, 잠금, 로그아웃' 등이 표시됩니다.
❻ **설정** : 현재 시스템의 여러 가지 사항을 설정할 수 있는 [Windows 시스템 설정]이 실행됩니다.
❼ **전원** : 시스템을 끄거나 다시 시작할 수 있습니다. 전원을 클릭하면 '절전, 시스템 종료, 다시 시작' 등이 표시됩니다.

TIP

[시작] 메뉴 세부 설정 및 [시작] 메뉴에 표시할 폴더 선택

[시작] 메뉴에서 설정( )을 클릭한 후 [Windows 설정] 창이 나오면 [개인 설정]을 클릭합니다. [개인 설정]이 활성화되면 [시작]을 클릭하여 [시작] 메뉴에 표시되는 항목을 설정할 수 있으며 [시작 메뉴에 표시할 폴더 선택]을 클릭하면 '파일 탐색기, 문서, 다운로드' 등을 [시작] 메뉴에 표시할 수 있습니다.

05 시작 메뉴에서 [계산기] 앱을 실행합니다.

앱을 실행하는 가장 기본적인 방법은 모든 앱이 등록되어 있는 [시작] 메뉴를 통해 실행하는 방법입니다. [시작] 메뉴를 통해 여러 가지 앱 중에서 '계산기' 앱을 실행하고 종료해 봅니다.

01 [시작] 단추(⊞)를 클릭한 후 [계산기] 앱을 클릭합니다.

02 [계산기] 앱이 실행되면 ≡을 클릭하여 [날짜 계산]을 선택합니다.

03 (날짜 계산)으로 화면이 전환되면 〈날짜 간 차이〉로 설정된 상태에서 '시작일' 항목에 여러분이 태어난 생년월일을 지정한 후 〈차이〉 항목에서 지금까지 살아온 날의 수를 확인합니다.

※ 〈종료일〉 항목은 기본적으로 오늘 날짜가 입력되어 있습니다.

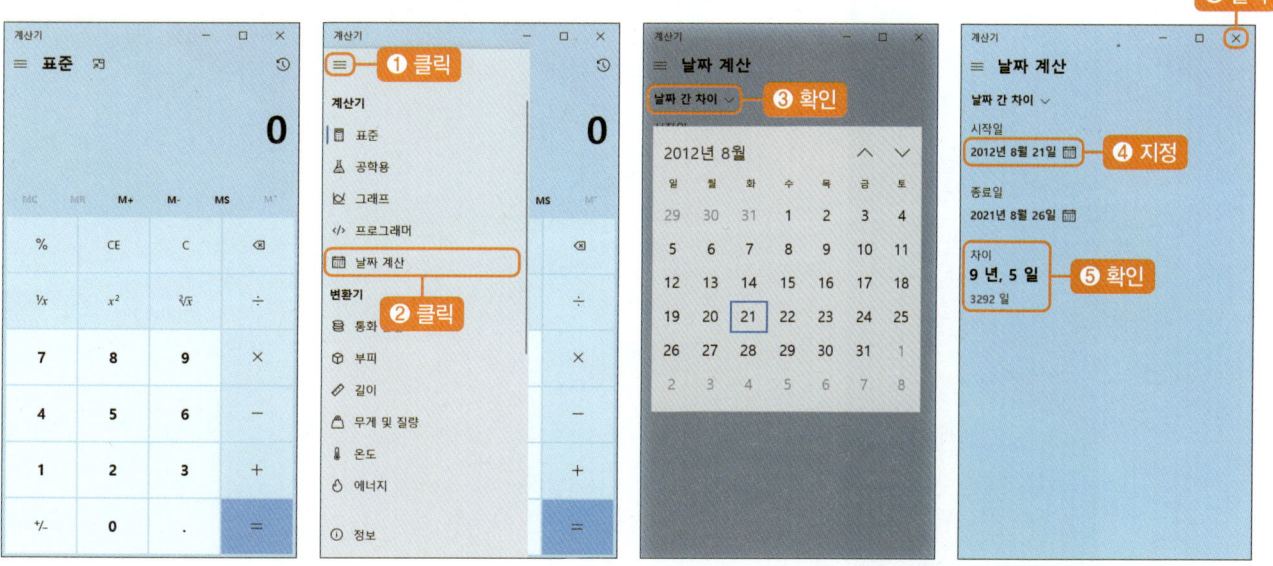

※ 계산기 앱은 단순한 계산 외에도 날짜계산, 환율, 부피, 길이 등을 계산할 수 있습니다.

06 다양한 방법으로 앱을 실행해 봅니다.

앱을 실행하는 방법에는 [시작] 메뉴 외에도 다양한 방법이 있습니다. 어떤 방법으로 앱을 실행하는지 알아봅니다.

01 앱 실행 방법1 : [시작] 단추(⊞)를 클릭한 후 앱 타일에서 [일정] 앱을 선택합니다. [일정]앱이 실행되면 간단하게 확인한 후 〈닫기(×)〉 단추를 클릭합니다.

※ 시스템 환경에 따라서 앱 타일에 [일정] 앱이 없을 수도 있습니다. 만약 없을 경우에는 일정 앱을 앱 타일에 드래그하여 추가 또는 다른 [메일], [날씨] 앱 등을 클릭하여 실행해 봅니다.

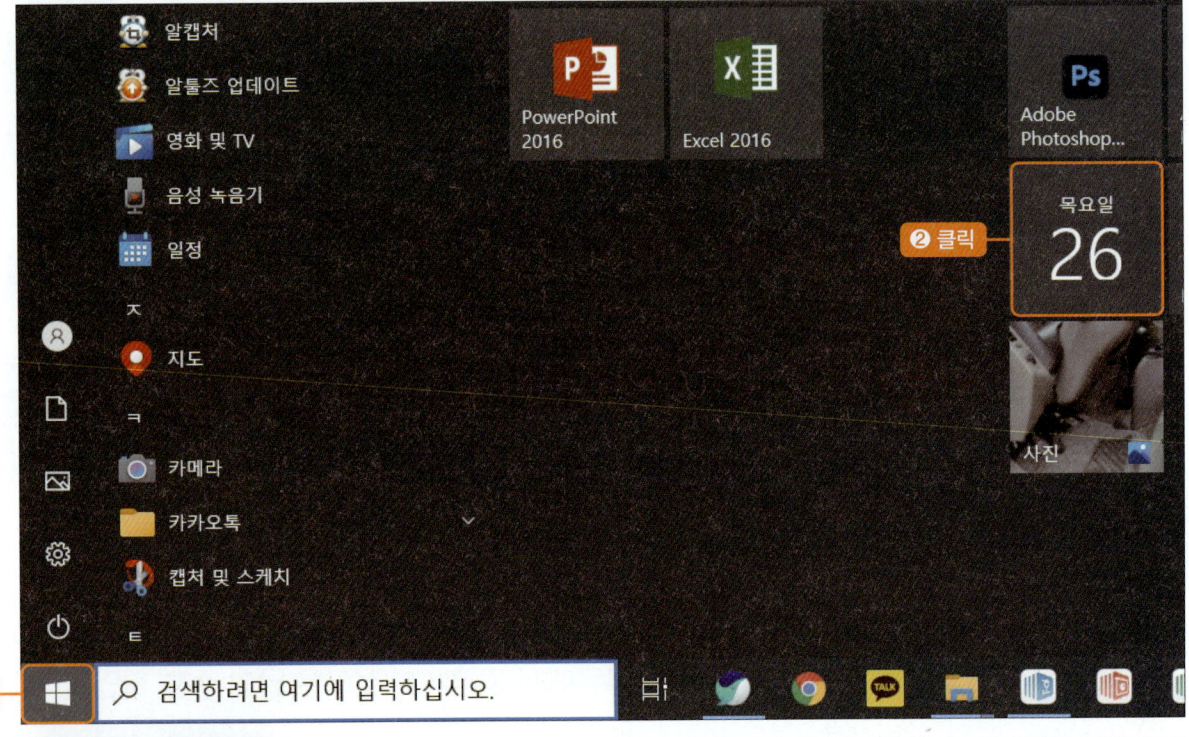

02 앱 실행 방법2 : [시작] 단추( )를 클릭한 후 스크롤바를 아래쪽으로 내려서 [Windows 보조프로그램]-[메모장]을 선택합니다. [메모장] 앱이 실행되면 간단하게 확인한 후 〈닫기(×)〉를 클릭합니다.

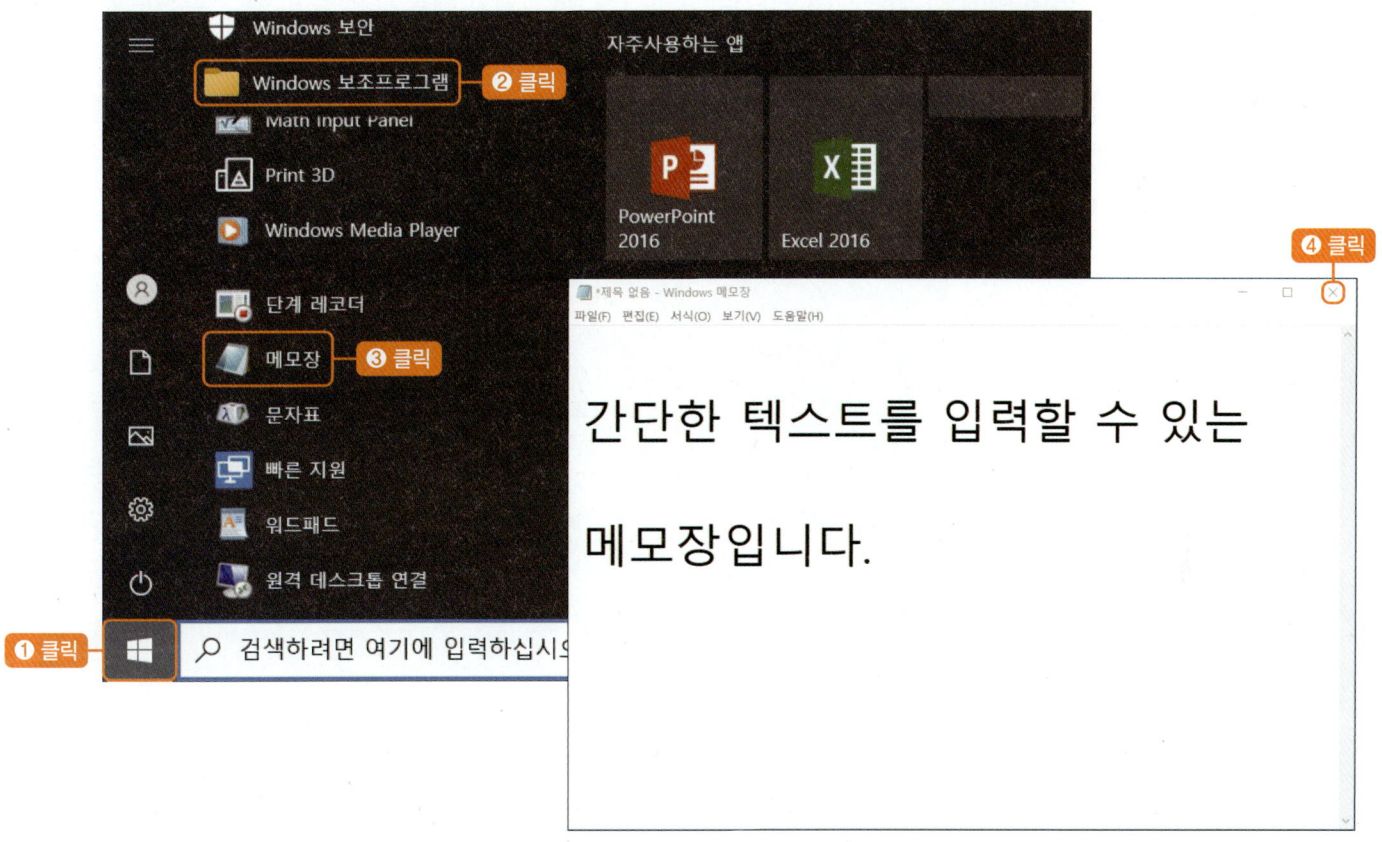

03 앱 실행 방법3 : Windows 검색 칸( )에 '계산기'를 입력합니다. 해당 앱이 검색되면 [계산기] 앱을 클릭하여 실행한 후 〈닫기(×)〉를 클릭합니다.

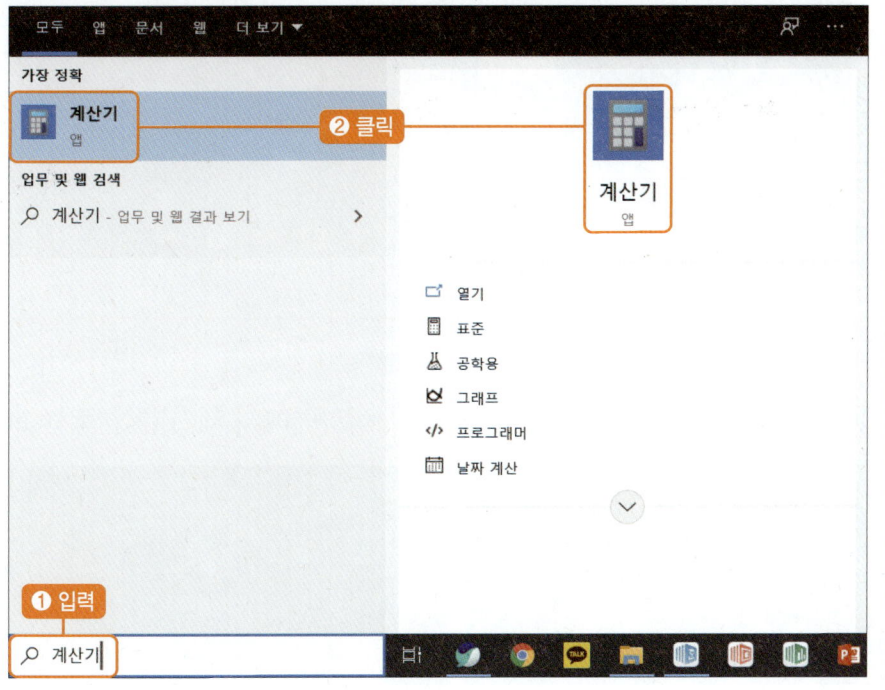

07 시작화면에 자주 사용하는 앱을 고정시켜 봅니다.

자주 사용하는 앱은 시작화면에 타일 형태의 앱으로 고정시켜 보다 쉽고 빠르게 앱을 실행할 수 있습니다.

01 방법_1 : [시작] 단추()를 클릭한 후 시작 화면에 고정할 앱 위에서 마우스 오른쪽 단추를 눌러 [시작 화면에 고정]을 클릭합니다.

※ 앱을 오른쪽 타일로 끌어다 놓아도(드래그) 고정시킬 수 있습니다.

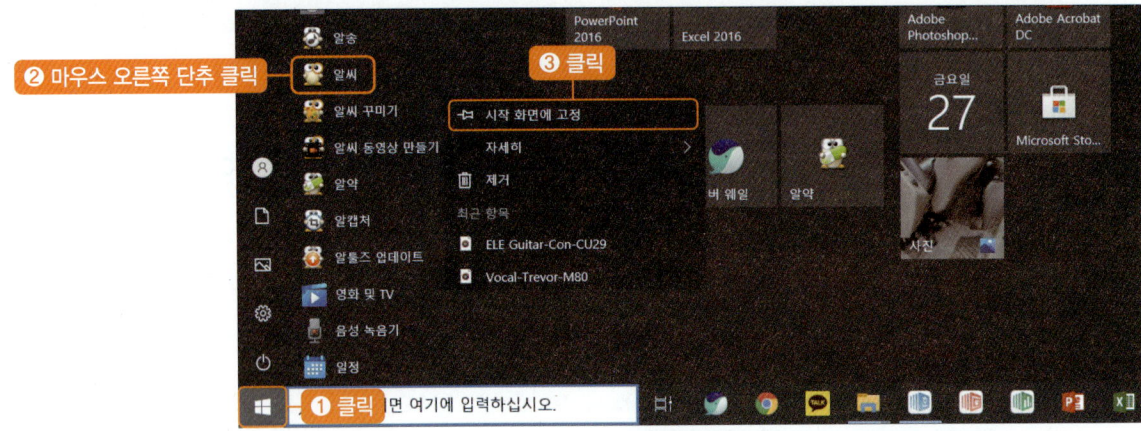

02 방법_2 : 왼쪽의 앱을 오른쪽 타일 앱으로 드래그하여 고정시킵니다.

※ 앱의 종류는 교재와 달라도 상관없습니다.

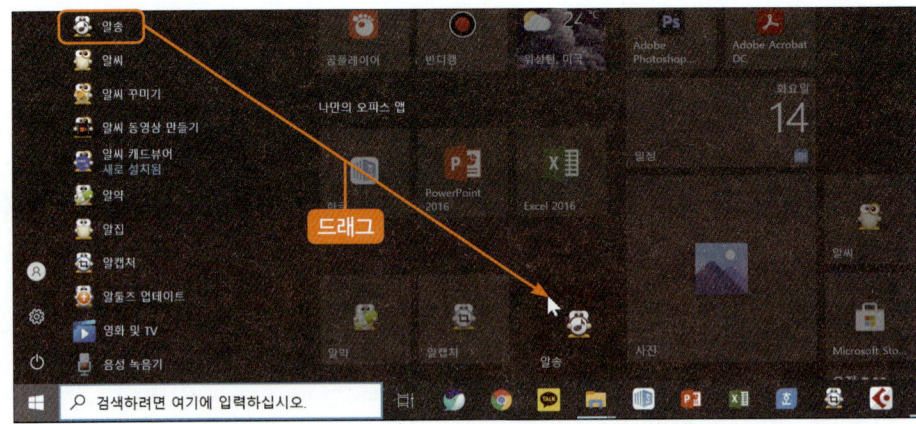

TIP

시작화면에서 앱 제거

시작 화면에서 제거할 앱 위에서 마우스 오른쪽 단추를 눌러 [시작화면에서 제거]를 클릭합니다.

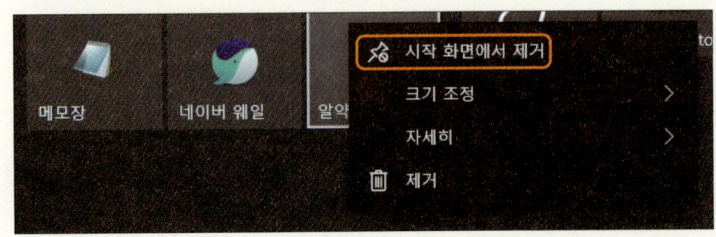

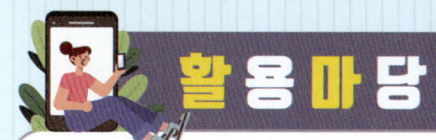

활용마당

1 빈 칸에 컴퓨터 내부의 하드웨어 구성 장치 명칭을 적어봅니다.

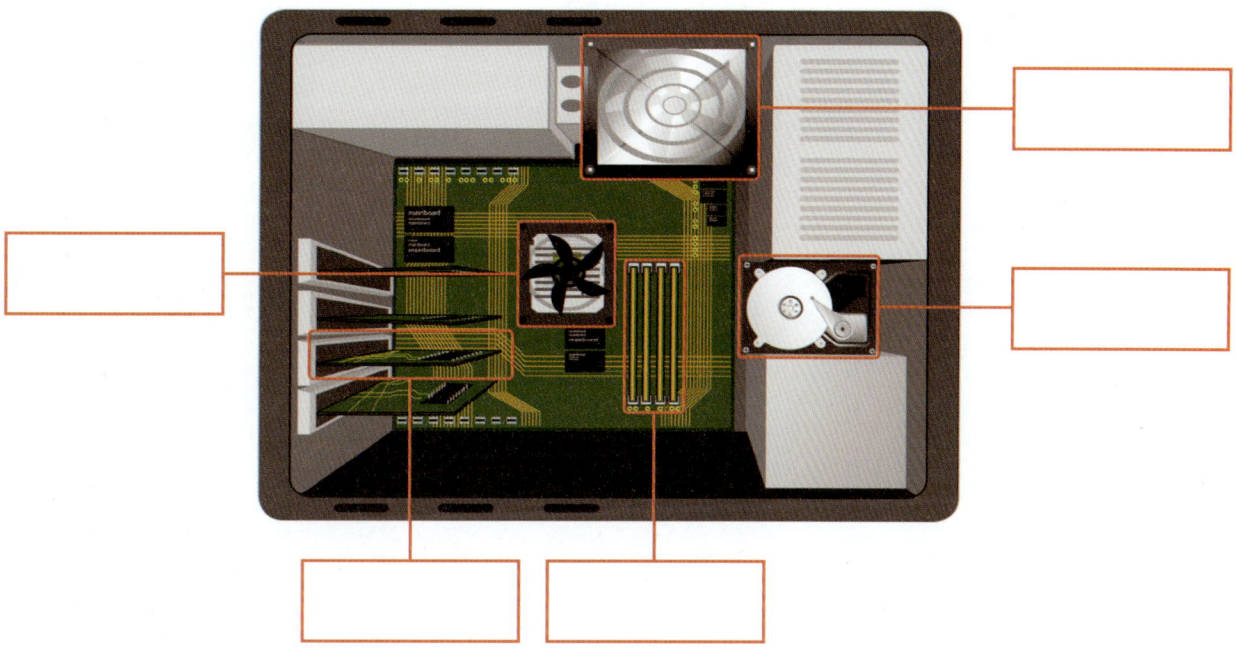

2 빈 칸에 컴퓨터 외부 구성 장치의 이름을 적어봅니다.

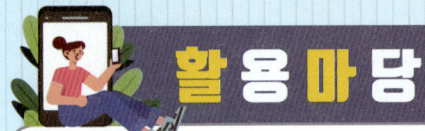

활용마당

③ 윈도우10 바탕화면의 구성요소 명칭을 적어봅니다.

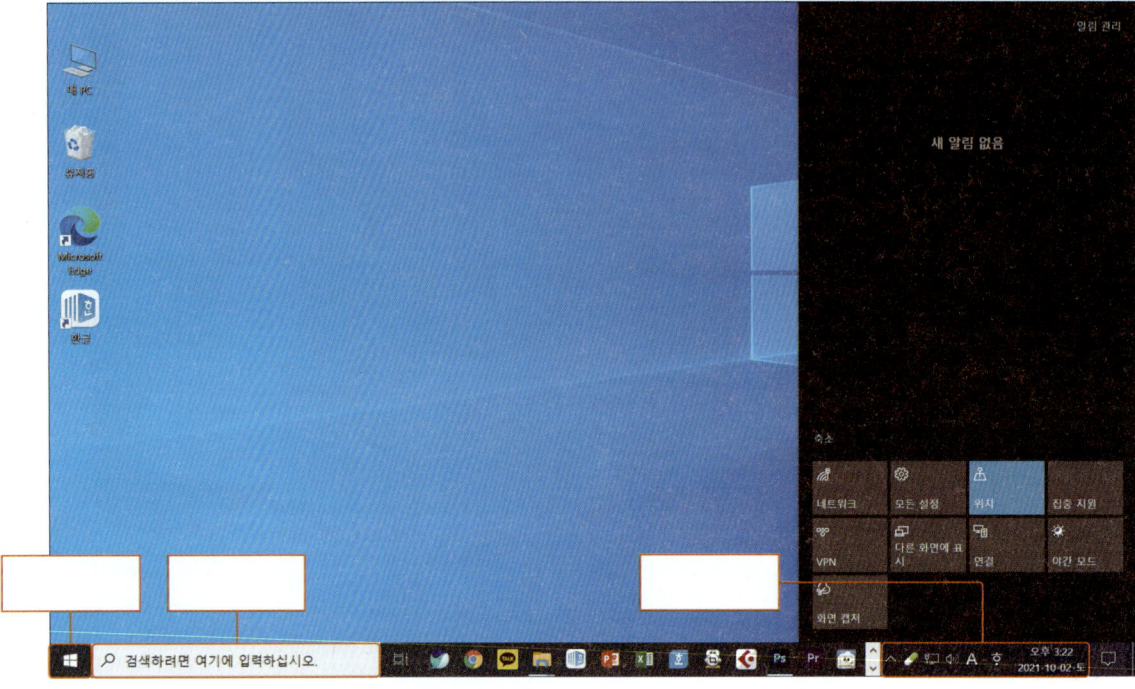

④ [시작]메뉴에서 [알람 및 시계] 앱을 찾아서 실행합니다. 이어서 'Windows 검색' 칸을 이용하여 [그림판] 앱을 실행합니다.

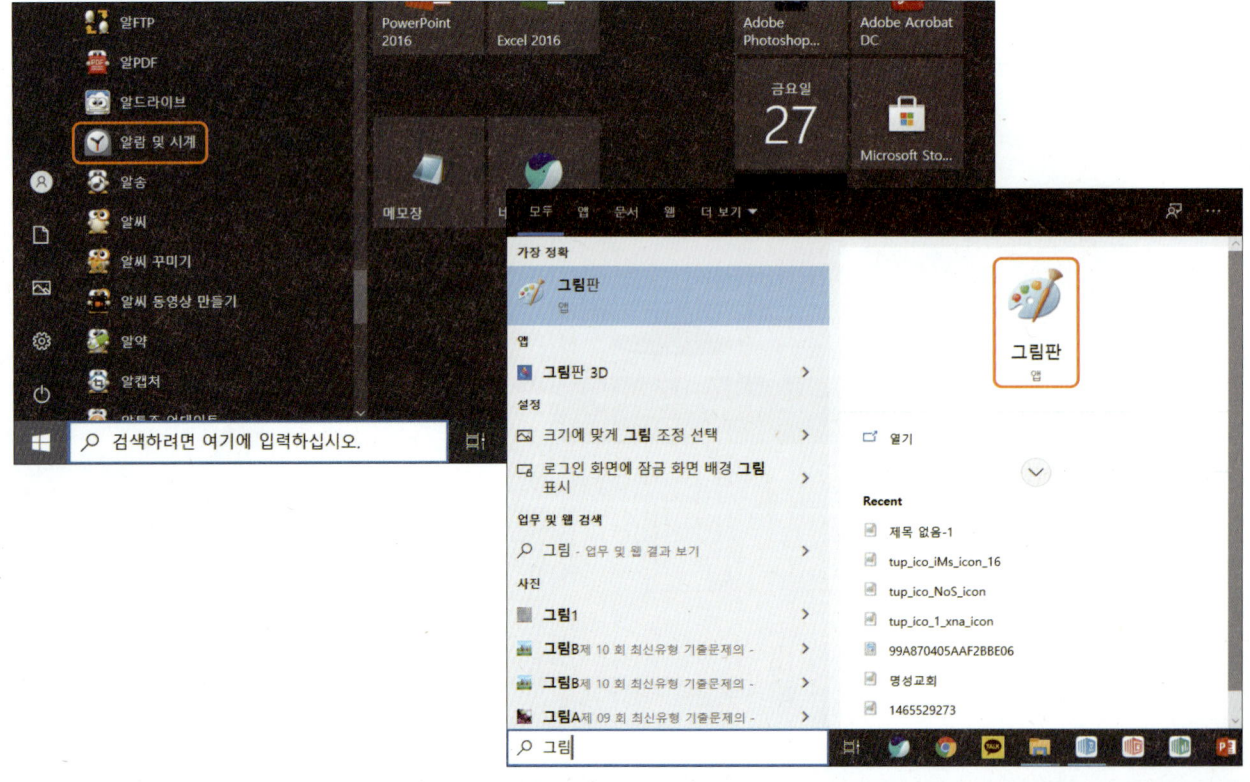

MEMO

02 CHAPTER 앱 타일의 위치 변경과 작업 표시줄

🟡 예제파일 : 없음   🟡 완성파일 : 없음

✱ 이번 장에서는

앱 타일의 위치 및 크기를 변경해 보고 바탕화면의 배경, 잠금 화면의 배경, 윈도우 테마를 변경해 봅니다.

01 앱 타일의 위치를 변경한 후 크기를 조정해 봅니다.

앱 타일에 무작위로 있는 앱을 종류별로 이동하여 보기 좋게 정리하거나 크기를 조절할 수 있습니다.

01 [시작] 단추(⊞)를 클릭한 후 한글, 파워포인트, 엑셀 3개의 앱을 앱 타일에 고정합니다.
   ※ 한글, 파워포인트, 엑셀 앱이 없으면 다른 3개의 앱 위에서 마우스 오른쪽 단추를 눌러 [시작 화면에 고정]을 클릭하여 앱을 앱 타일에 고정합니다.

02 한글 앱 타일을 선택한 후 원하는 위치로 드래그 해봅니다.

03 이동된 앱 타일을 다시 원래 자리로 다시 이동시켜 봅니다.

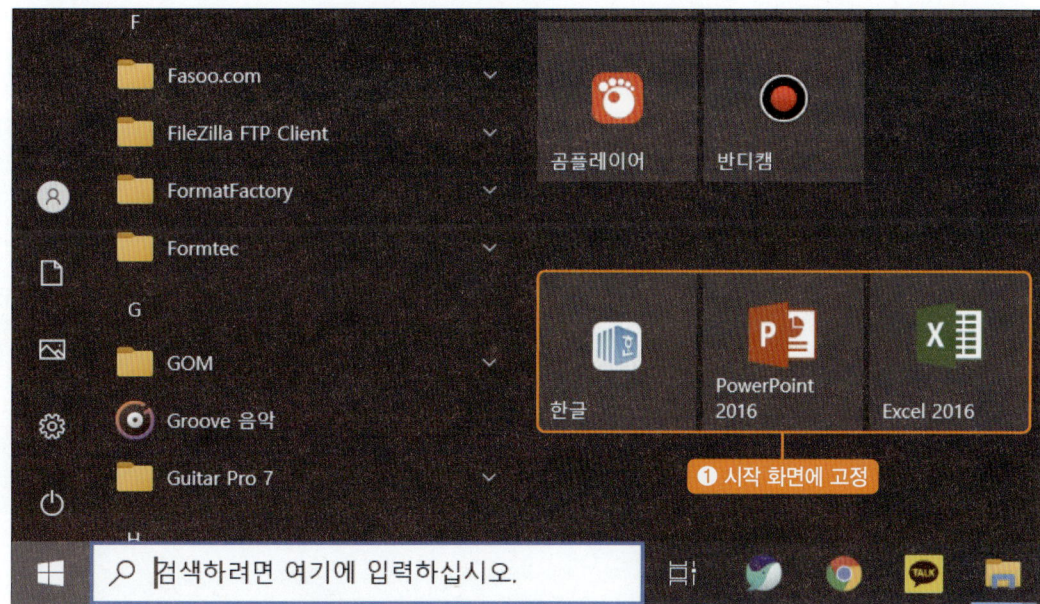

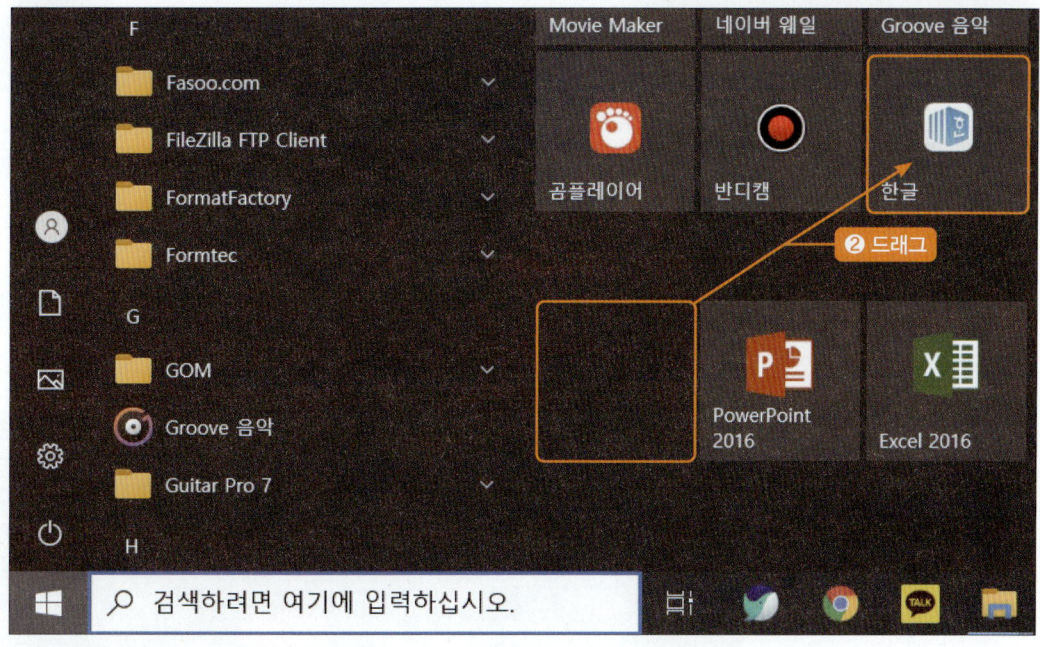

04 시작화면에 고정된 앱 타일 중 크기를 변경할 [한글] 앱 위에서 마우스 오른쪽 단추를 눌러 [크기 조정]-[작게]를 클릭합니다.

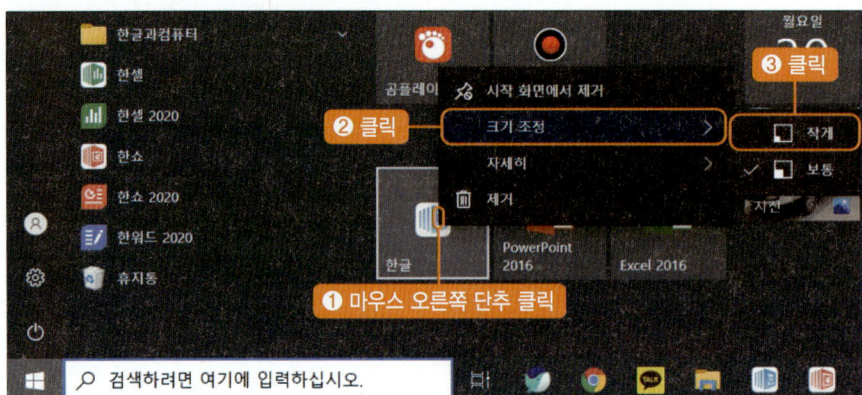 

> **TIP**
>
> **타일 크기 조정**
>
> 타일의 크기 조정 메뉴는 '작게, 보통, 넓게'로 구분되지만, 앱에 따라서 크기 변경 메뉴 중 '넓게'는 나오지 않을 수도 있습니다.

02 자주 사용하는 앱을 작업 표시줄에 고정시켜 봅니다.

자주 사용하는 앱을 앱 타일 외에 바탕화면 아래쪽 작업표시줄에 고정하면 보다 빠르게 앱을 실행할 수 있습니다.

01 작업 표시줄에 고정시킬 [파워포인트] 앱 타일 위에서 마우스 오른쪽 단추를 눌러 [자세히]-[작업 표시줄에 고정]을 클릭합니다. (※ 다른 앱을 선택해도 됩니다.)

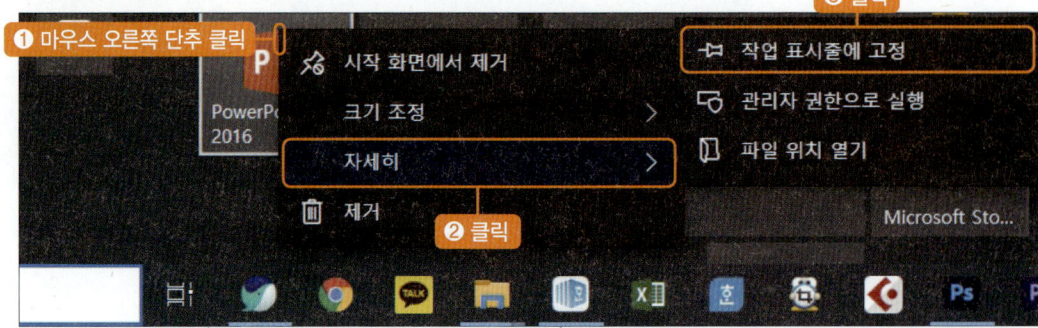

02 해당 앱이 작업 표시줄에 고정된 것을 확인합니다.

※ 작업 표시줄에 고정된 앱을 클릭하면 [시작] 메뉴를 이용하지 않고 해당 앱을 바로 실행할 수 있습니다.

03 작업 표시줄에 추가된 파워포인트 앱을 드래그하여 원하는 자리로 이동해 봅니다.

04 작업 표시줄에 고정된 앱 위에서 마우스 오른쪽 단추를 눌러 [작업 표시줄에서 제거]를 클릭하면 작업 표시줄에 고정된 앱이 제거됩니다. (※ 앱이 내 컴퓨터에서 삭제 되는건 아닙니다.)

TIP

라이브 타일(Live tile)

'날씨, 트위터, 메일, 페이스북' 등과 같은 앱들은 실시간으로 정보를 제공해주는 앱들로 라이브 타일이라고 합니다. 만약 실시간 정보를 받고 싶지 않은 경우에는 해당 앱 위에서 마우스 오른쪽 단추를 눌러 [자세히]-[라이브 타일 끄기]를 클릭합니다.

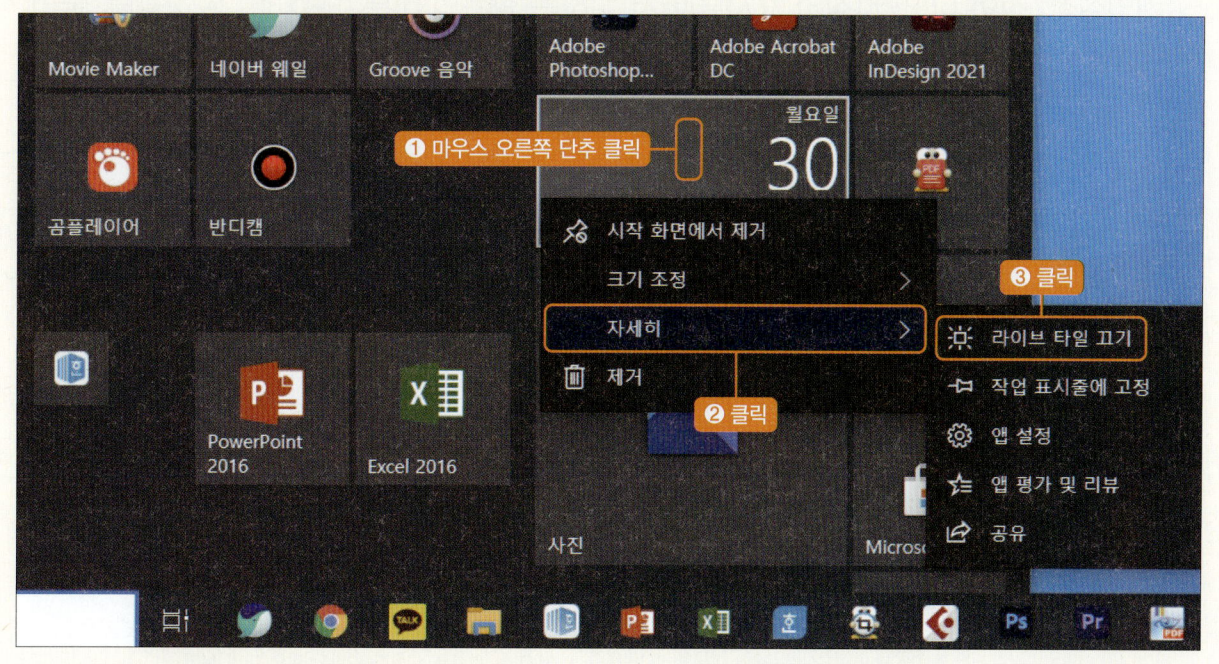

03 작업 표시줄 설정 및 위치를 변경해 봅니다.

작업 표시줄에 앱을 추가하고 위치를 변경하는 등 작업 표시줄의 환경을 설정합니다.

01 작업 표시줄 빈 공간에서 마우스 오른쪽 단추를 눌러 [작업 표시줄 설정]을 클릭합니다.

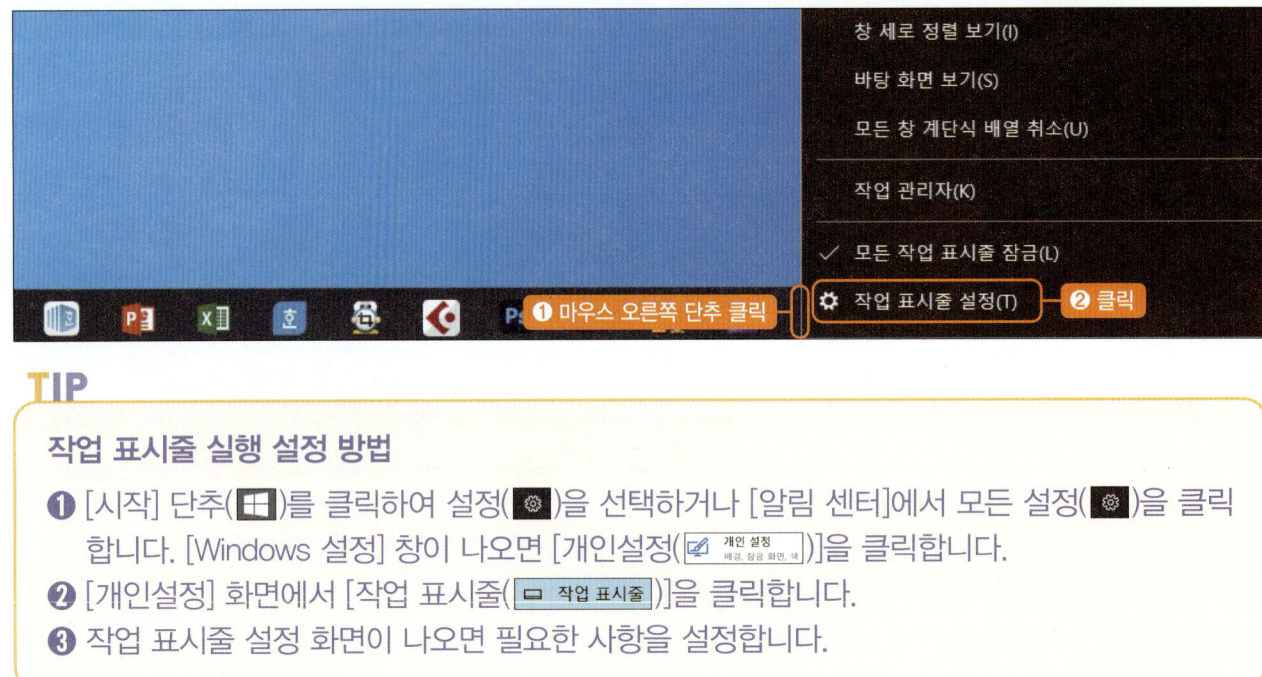

TIP
작업 표시줄 실행 설정 방법
❶ [시작] 단추(⊞)를 클릭하여 설정(⚙)을 선택하거나 [알림 센터]에서 모든 설정(⚙)을 클릭합니다. [Windows 설정] 창이 나오면 [개인설정]을 클릭합니다.
❷ [개인설정] 화면에서 [작업 표시줄]을 클릭합니다.
❸ 작업 표시줄 설정 화면이 나오면 필요한 사항을 설정합니다.

02 [개인설정] 창이 나오면 [작업 표시줄]에서 원하는 항목의 버튼 (켬, 끔)을 눌러 작업 표시줄을 설정합니다.
※ '켬'과 '끔'을 선택할 때마다 해당 항목의 설정이 바로 적용되어 즉시 확인 할 수 있습니다.

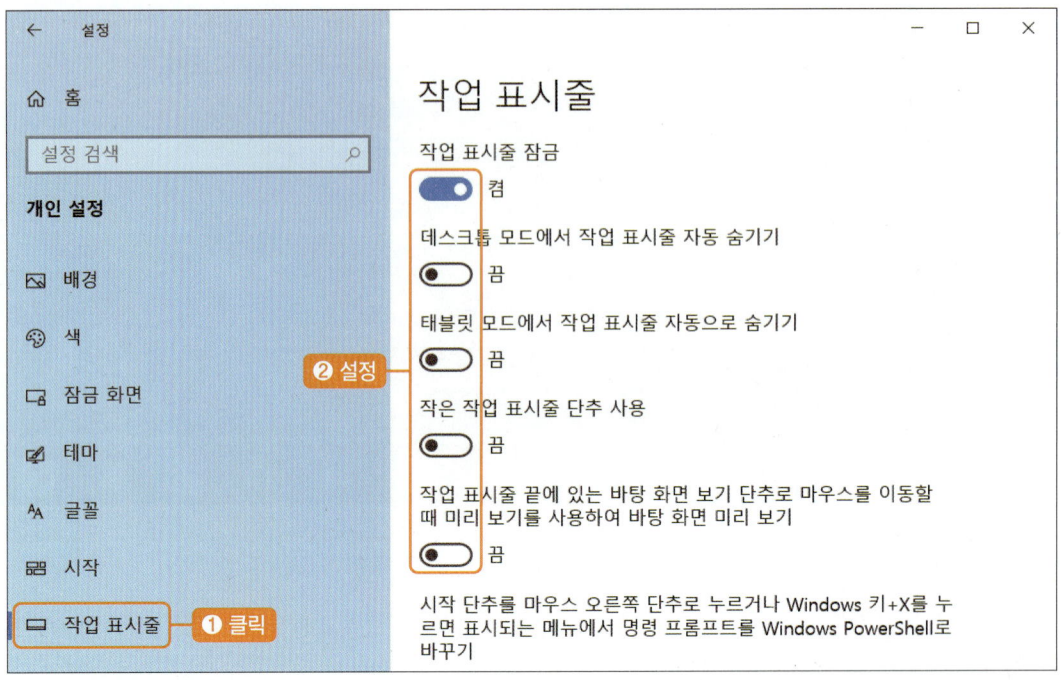

22 • 앱 타일의 위치 변경과 작업 표시줄

작업 표시줄에 표시할 시스템 아이콘을 설정해 봅니다.

작업 표시줄에 표시할 시스템 아이콘을 지정 및 제거할 수 있습니다.

01 작업 표시줄 설정에서 스크롤바를 아래쪽으로 내린 후 [알림 영역] 항목에서 작업 표시줄에 표시할 아이콘 선택을 클릭합니다.

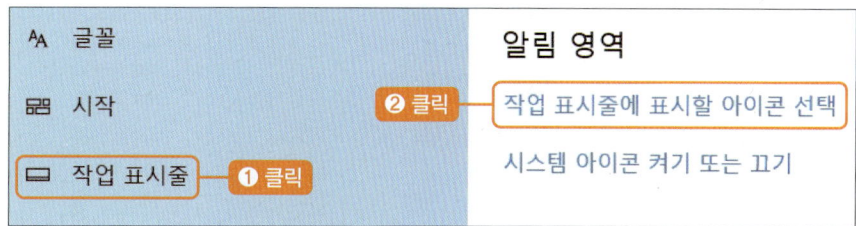

02 [작업 표시줄에 표시할 아이콘 선택]으로 화면이 전환되면 버튼(켬, 끔)을 눌러 작업 표시줄에 표시할 아이콘을 설정합니다.

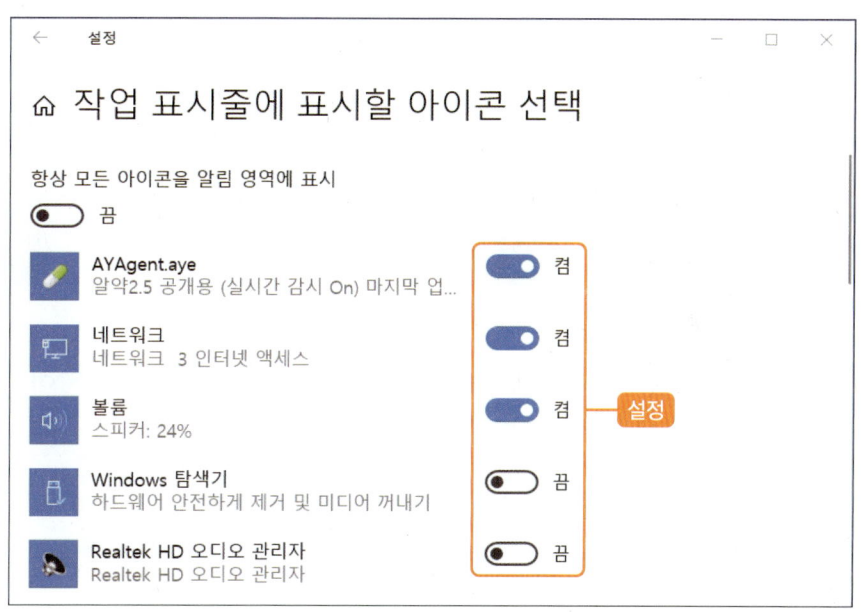

TIP

작업 표시줄에 표시할 시스템 아이콘

작업표시줄의 오른쪽 끝 부분을 보면 시스템 아이콘( )을 표시하는 영역이 있습니다. 작업 표시줄에 표시할 아이콘을 '켬'으로 설정하면 시스템 아이콘 영역에 표시되고, '끔'으로 설정하면 숨겨진 아이콘 표시( )를 클릭해야 보입니다. 오른쪽 이미지는 모든 아이콘을 '끔'으로 설정하고 개별로 필요한 것만 '켬'으로 설정했기 때문에 때문에 숨겨져서 보이는 것입니다.

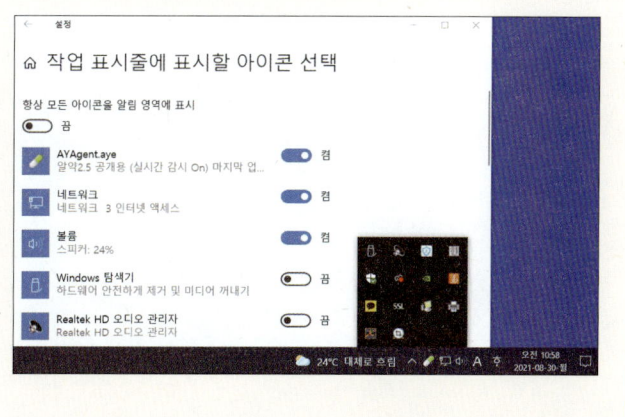

 **잠금 화면의 배경을 예쁜 사진으로 변경해 봅니다.**

잠금 화면이란 컴퓨터를 켠 상태에서 아무런 작업을 하지 않을 경우 자동으로 화면이 잠금이 되거나 다른 사람이 사용하지 못하도록 사용자가 직접 잠금을 할 수 있습니다.

01 바탕 화면에서 마우스 오른쪽 단추를 눌러 [개인 설정]을 클릭합니다.

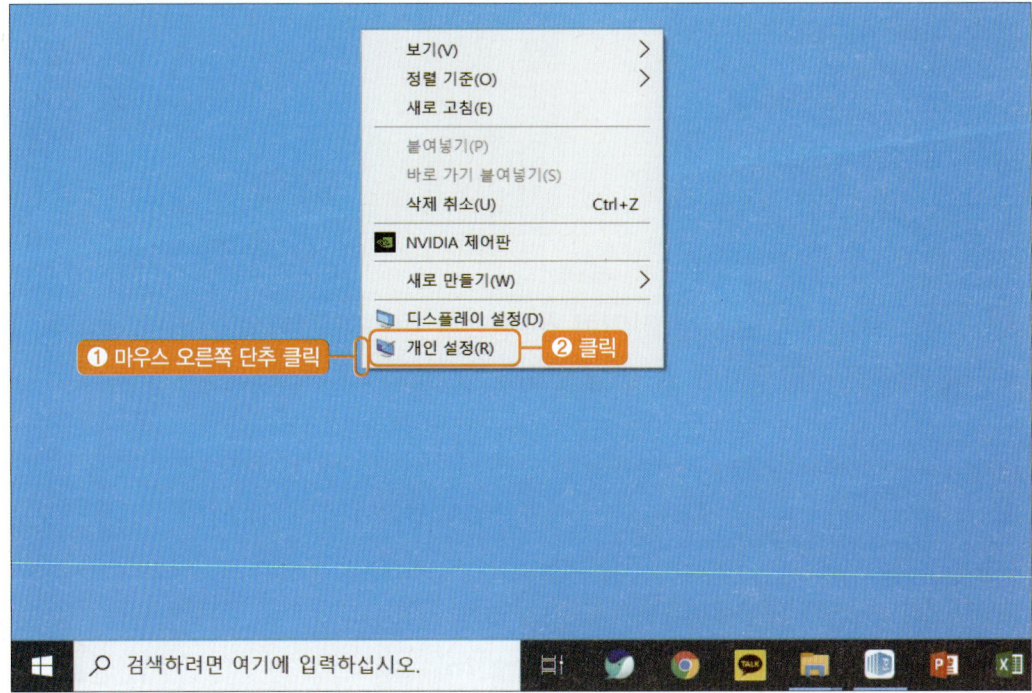

02 [설정] 창이 나오면 [잠금 화면]에서 〈배경〉 항목을 클릭하여 Windows 추천, 사진, 슬라이드 쇼 메뉴 중에서 'Windows 추천'을 선택합니다.

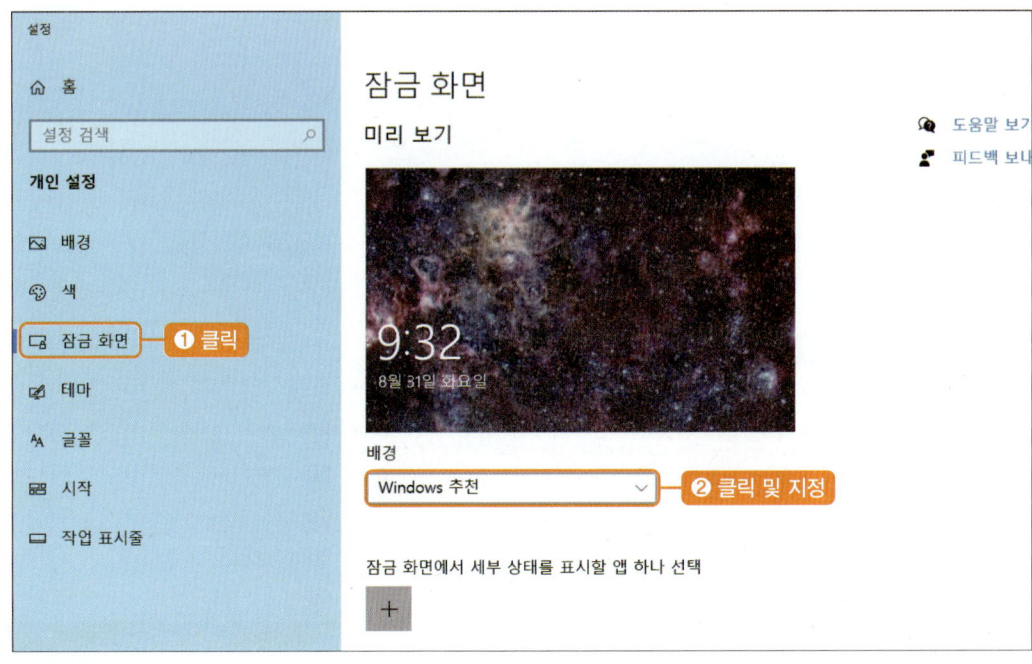

> **TIP**
>
> **잠금화면 [배경] 지정**
> ❶ 〈Windows 추천〉은 윈도우에서 이미지를 자동으로 추천받아서 잠금 화면 배경으로 설정합니다.
> ❷ 〈사진과 슬라이드 쇼〉는 사용자가 원하는 사진 등으로 잠금 화면 배경으로 지정할 수 있습니다.

03 〈잠금 화면에서 세부 상태를 표시할 앱 하나 선택〉 항목에서 ➕를 클릭하여 [일정] 앱(📅)을 선택합니다.

※ 컴퓨터의 환경에 따라서 일정 앱이 없거나 다른 앱이 선택되어 표시될 수도 있습니다.

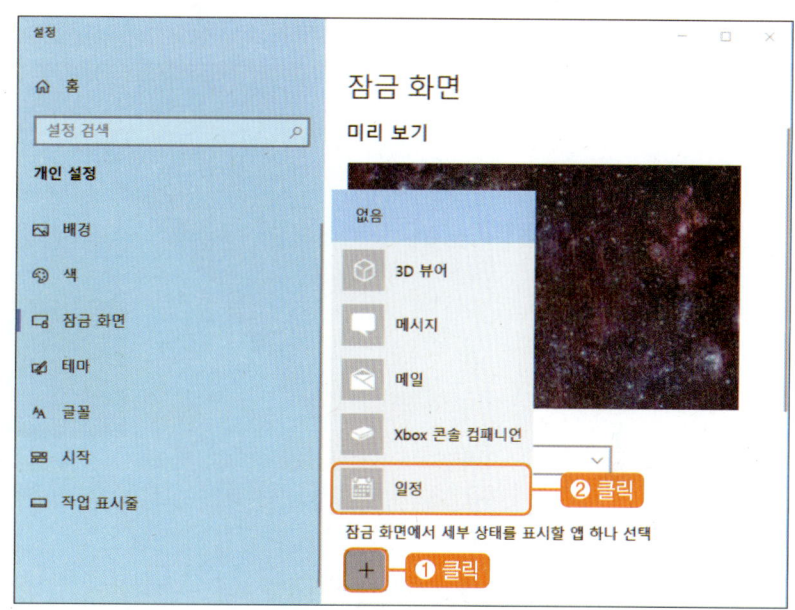

> **TIP**
>
> **로그인 화면에 잠금 화면 배경 그림 표시**
> [잠금 화면]에서 〈로그인 화면에 잠금 화면 배경 그림 표시〉 항목을 '켬'으로 설정하면 로그인 화면을 기본 단색 화면으로 표시하는 것이 아니라 잠금 화면 배경에 로그인 표시가 나타나거나 암호 설정이 없는 경우에는 바로 윈도우 바탕화면으로 이동합니다.

04 윈도우 키(⊞)+Ⓛ 키를 눌러 변경된 잠금 화면을 확인합니다.

06 테마를 설정하여 윈도우 환경을 한 번에 변경해 봅니다.

윈도우 테마는 마이크로소프트에서 제공하는 윈도우 화면 그림으로 다양한 화면을 무료로 제공합니다.

01 [개인 설정] 창의 [테마]를 클릭하여 현재 테마(배경, 색, 소리, 마우스 커서)를 확인한 후 (Microsoft Store에서 더 많은 테마 보기)를 클릭합니다.

02 [Windows Themes] 창이 나오면 원하는 테마를 클릭합니다.

03 〈받기〉 단추를 클릭하여 테마를 다운로드 합니다. 선택한 테마가 다운로드 되어 설치 및 완료되기까지 기다립니다.

04 선택한 테마가 다운로드 되어 설치까지 완료되면 〈적용〉 단추를 클릭합니다.

05 [설정] 창에서 다운로드 받은 테마를 클릭하여 적용합니다.

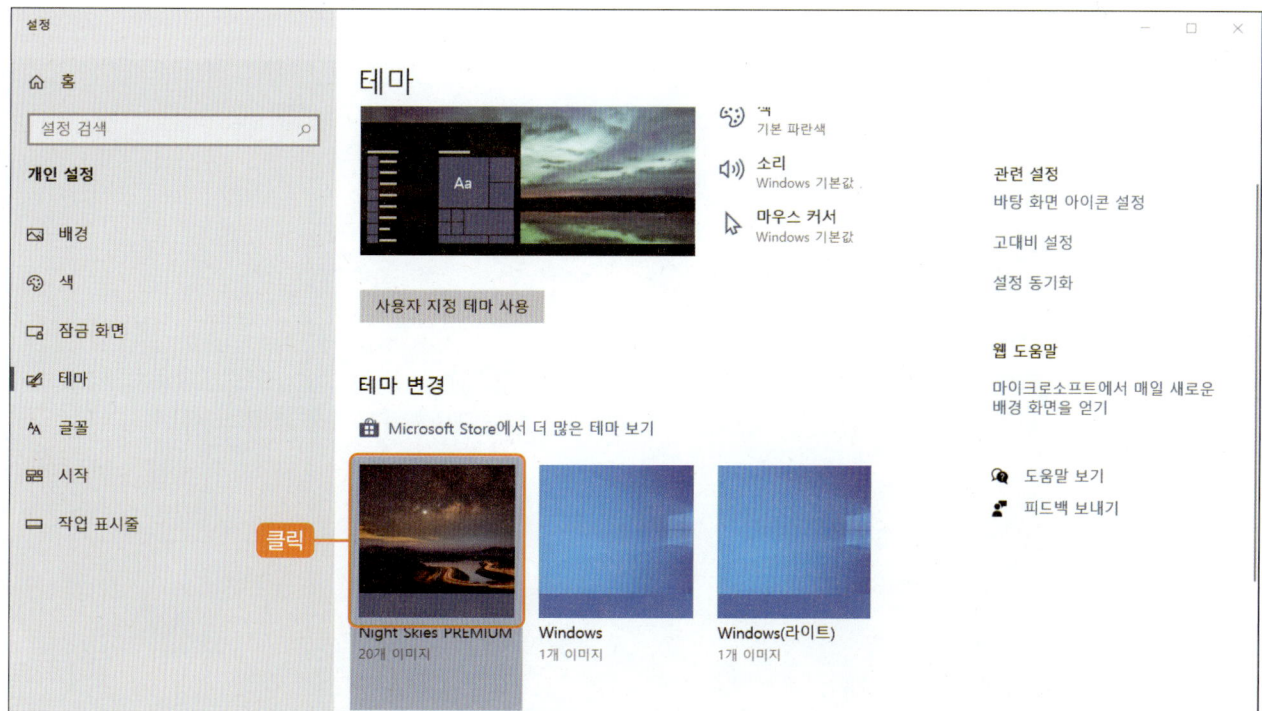

활용마당

1 자주 사용하는 앱들을 시작 화면의 앱 타일에 추가한 후 '나만의 오피스 앱'으로 그룹 이름을 지정합니다.

2 시작화면에 추가된 나만의 오피스 앱들을 작업 표시줄에 고정시킨 후 시작화면에서 모두 삭제해 보세요.

활용마당

③ 작업 표시줄 설정에서 [알림 영역] 항목의 '시스템 아이콘 켜기 또는 끄기'를 선택한 후 작업 표시줄에 '시계'가 나오지 않도록 설정해 봅니다.

④ 윈도우10 바탕화면에서 [그림판] 앱의 바로가기 아이콘을 만들어 봅니다.
  ❶ [그림판]을 입력하여 검색합니다.
  ❷ [파일 위치 열기]를 클릭합니다.
  ❸ [파일 탐색기]가 실행되면 '그림판' 아이콘 위에서 마우스 오른쪽 단추를 눌러 [보내기]-[바탕 화면에 바로 가기 만들기]를 클릭합니다.

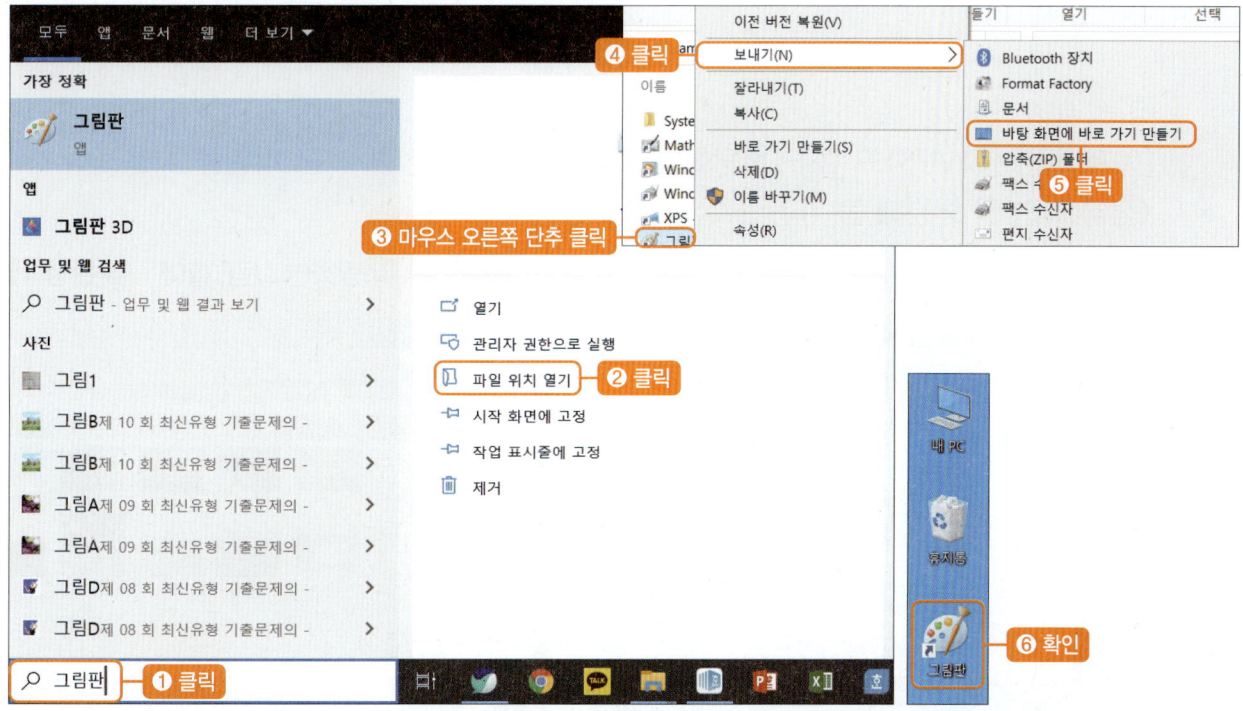

활용마당

5 [시작] 메뉴, 작업표시줄, 알림센터, 제목 표시줄에 테마 컬러를 표현해 봅니다.

❶ [개인 설정] 창의 [색]에서 '다음 표면에 테마 컬러 표시' 항목의 시작, 작업 표시줄 및 알림 센터와 제목 표시줄을 클릭하여 체크(✓)합니다.

6 [예제파일]-[CHAPTER 02]-[바탕화면 그림]에 있는 다양한 그림 파일을 사용하여 〈배경〉 및 〈잠금 화면〉을 변경해 봅니다.

◎ **예제파일** : [바탕화면 그림] 폴더   ◎ **완성파일** : 없음

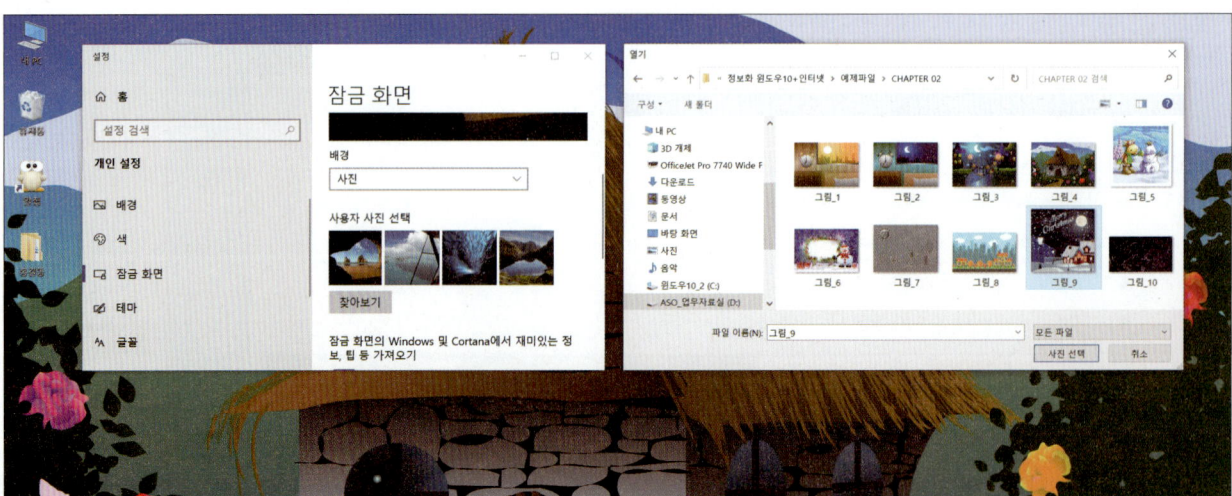

MEMO

03 CHAPTER 파일 탐색기 실행 및 화면구성

◉ **예제파일** : [파일과 폴더], [파일 탐색기 예제] ◉ **완성파일** : 없음

✹ 이번 장에서는

[파일 탐색기]를 실행하는 방법과 파일 숨기기 그리고 복사하는 방법을 알아봅니다.

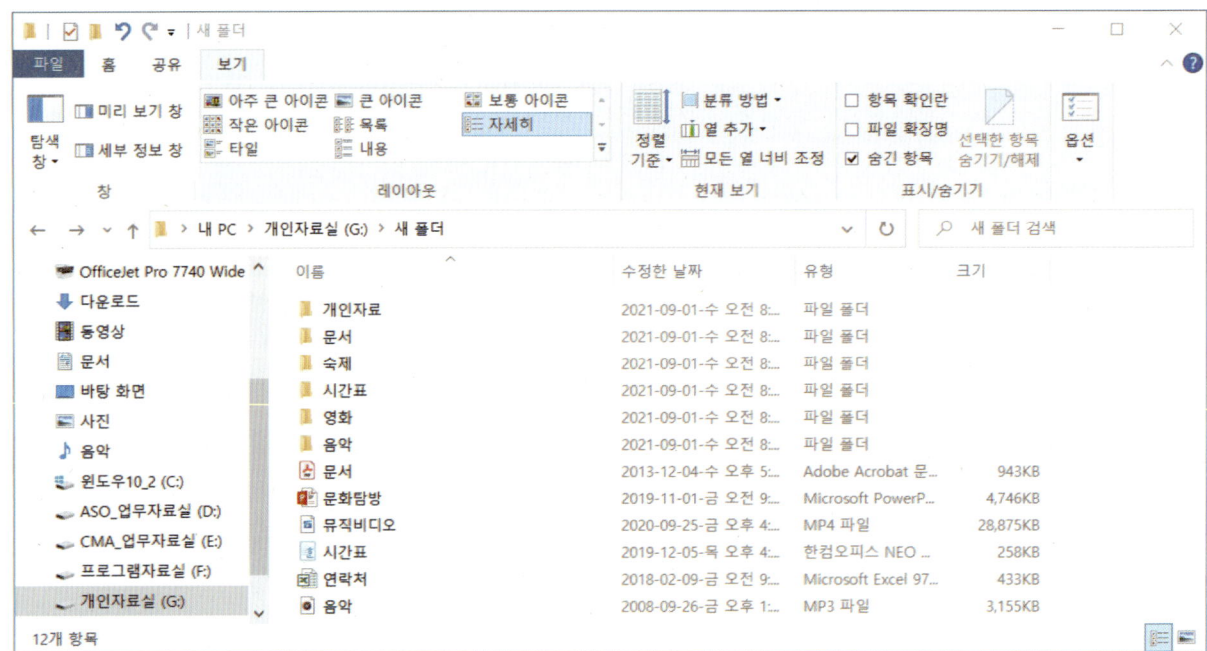

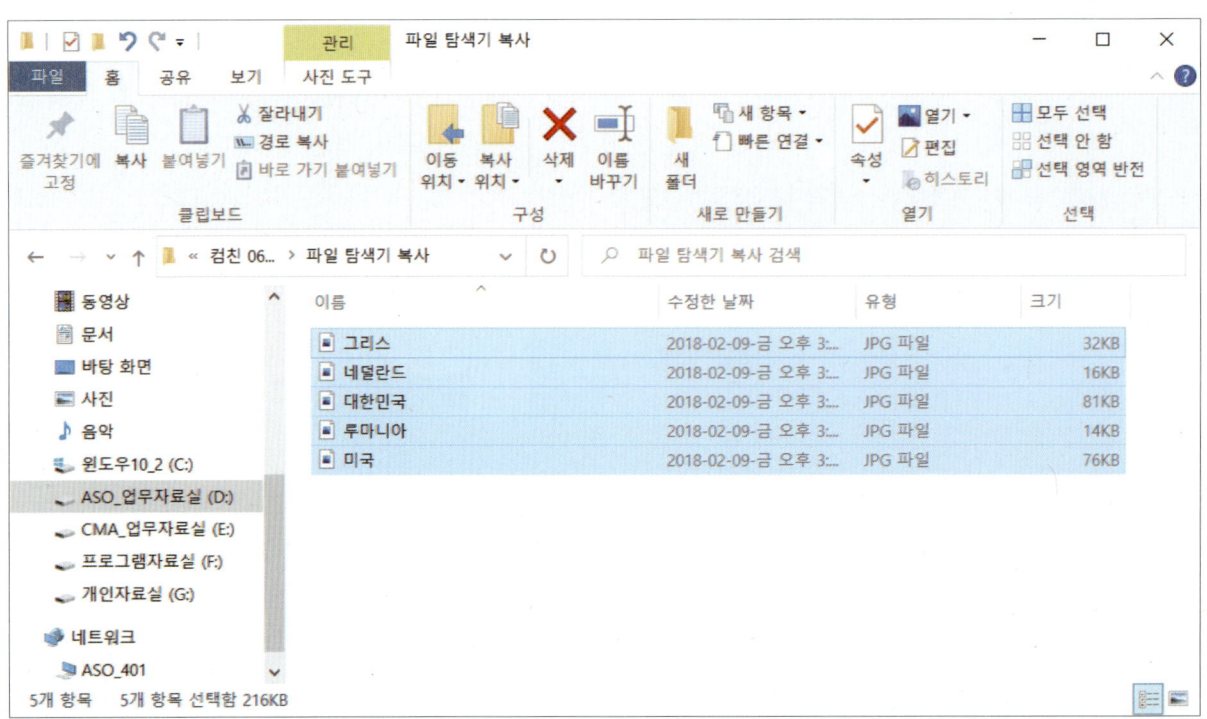

01 다양한 방법으로 [파일 탐색기]를 실행해 봅니다.

'파일(File)'이란 컴퓨터에서 앱을 실행하기 위해 필요한 요소 또는 사용자가 작성한 내용 등을 관리하기 위한 이름을 '파일'이라고 합니다. 이런 파일을 관리하기 위해 필요한 것이 '파일 탐색기'입니다.

01 방법 1 : 작업 표시줄에서 [파일 탐색기] 아이콘(📁)을 클릭합니다.

02 방법 2 : [시작] 단추(⊞)를 클릭한 후 [Windows 시스템]-[파일 탐색기]를 클릭합니다.

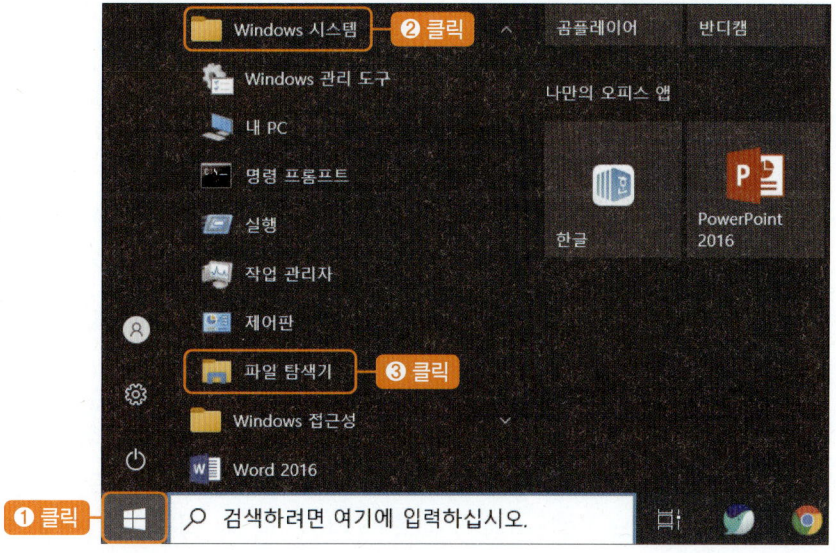

03 방법 3 : [Windows 검색] 칸에 '파일 탐색기'를 입력한 후 검색된 [파일 탐색기]를 클릭합니다.

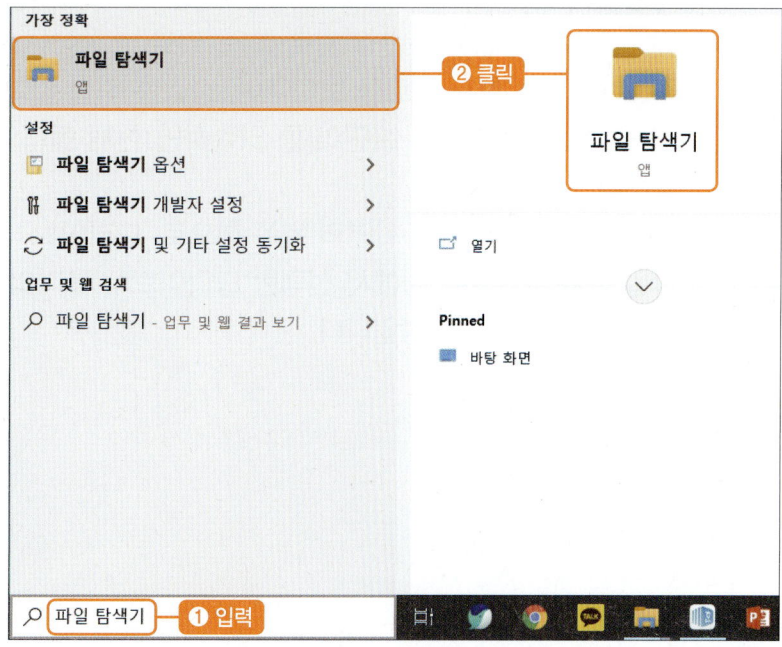

윈도우 10+인터넷 • **33**

02 [파일 탐색기]의 화면 구성에 대해 알아봅니다.

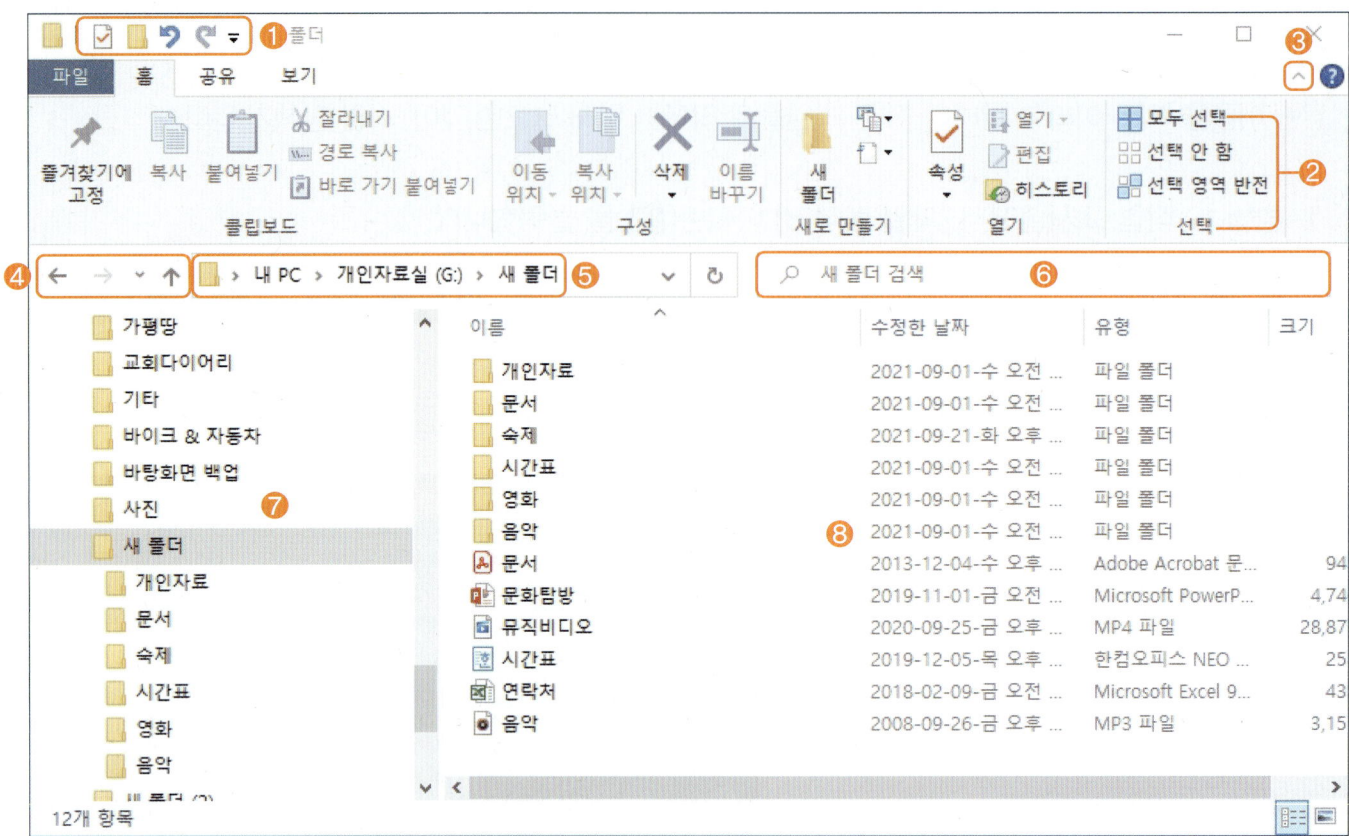

❶ **빠른 실행 도구 모음** : 자주 사용하는 명령을 모아 놓은 곳으로 필요할 경우 [빠른 실행 도구 모음 사용자 지정](▼)을 클릭하여 도구 모음을 추가적으로 활성화시킬 수 있습니다.

❷ **리본 메뉴** : 메뉴([홈], [공유], [보기] 등)에 관련된 다양한 명령을 아이콘 형태로 제공합니다.

❸ **[리본 메뉴 최소화] 단추(∧)** : 화면에 리본 메뉴가 보이지 않도록 감춥니다. 감추어진 리본 메뉴를 다시 보이게 할 경우에는 [리본 메뉴 확장] 단추(∨)를 클릭합니다.

❹ **이동 단추(← → ∨ ↑)** : 뒤로(←)는 이전 위치로 이동, 앞으로(→)는 다음 위치로 이동, 최근 위치(∨)는 최근에 이동한 위치로 이동, 위로(↑)는 현재 폴더에서 상위 폴더로 이동합니다.

❺ **주소 표시줄** : 현재 경로를 보여주며, 경로를 직접 입력하거나 선택하여 이동할 수도 있습니다.

❻ **검색 칸** : 검색할 키워드(단어)를 입력하면 현재 폴더와 하위 폴더에 저장된 파일을 검색할 수 있습니다.

❼ **탐색 창** : 파일 탐색기 화면의 왼쪽 창으로 '드라이브'나 '폴더' 등으로 빠르게 이동할 수 있습니다.

❽ **파일 목록 창** : 탐색 창에서 선택한 드라이브나 폴더의 '세부 내용(폴더, 파일 등)'들이 표시되는 창으로 화면의 오른쪽 창입니다.

TIP

파일(File)과 폴더(Folder)

❶ 파일(File)이란 정보가 저장된 하나의 개체로 '문서, 사진, 동영상, 음악' 등과 같이 다양한 형태를 가지고 있습니다. 우리가 자주 사용하는 파일의 종류(한글 파일, 엑셀 파일, 파워포인트 파일, 이미지 파일, 음악 파일 등)도 많지만 같은 종류의 파일(일기.hwp, 과제.hwp, 연락처.hwp 등)들도 수없이 많기 때문에 반드시 구분이 필요합니다. 파일을 구분할 때는 기본적으로 '파일명.확장명'으로 구분되는데 확장명은 파일의 종류(파워포인트.pptx, 한글.hwp, 동영상.mp4, 음악.mp3 등)에 따라 다르게 나옵니다.

▲ 파일명과 확장자

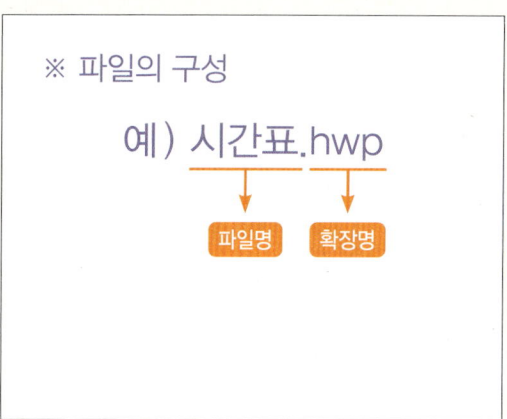

❷ 폴더(Folder)란 파일을 담아두기 위한 방(Room) 같은 개념으로 [파일 탐색기]에서는 노란색 서류철(📁) 모양으로 되어 있습니다. 폴더를 만들어서 파일을 관리할 때는 폴더 안에 어떤 파일들이 들어 있는지 한 눈에 알아볼 수 있도록 폴더명을 입력한 후 관련된 파일들을 정리하여 모아 두는 것이 좋습니다.

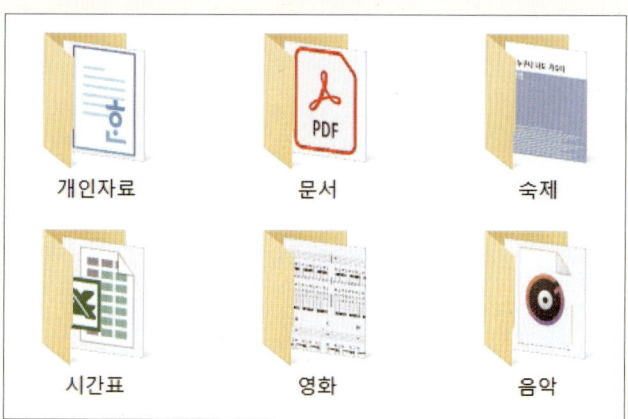

▲ 폴더로 파일 관리(폴더명)

TIP

파일 확장명 표시 및 숨기기

[표시/숨기기] 그룹에서 [파일 확장명]을 체크(☑ 파일 확장명)하면 파일명 끝에 '확장명'이 나타납니다. [파일 확장명]을 다시 클릭하여 체크 표시를 하지 않으면 '확장명'이 사라집니다.

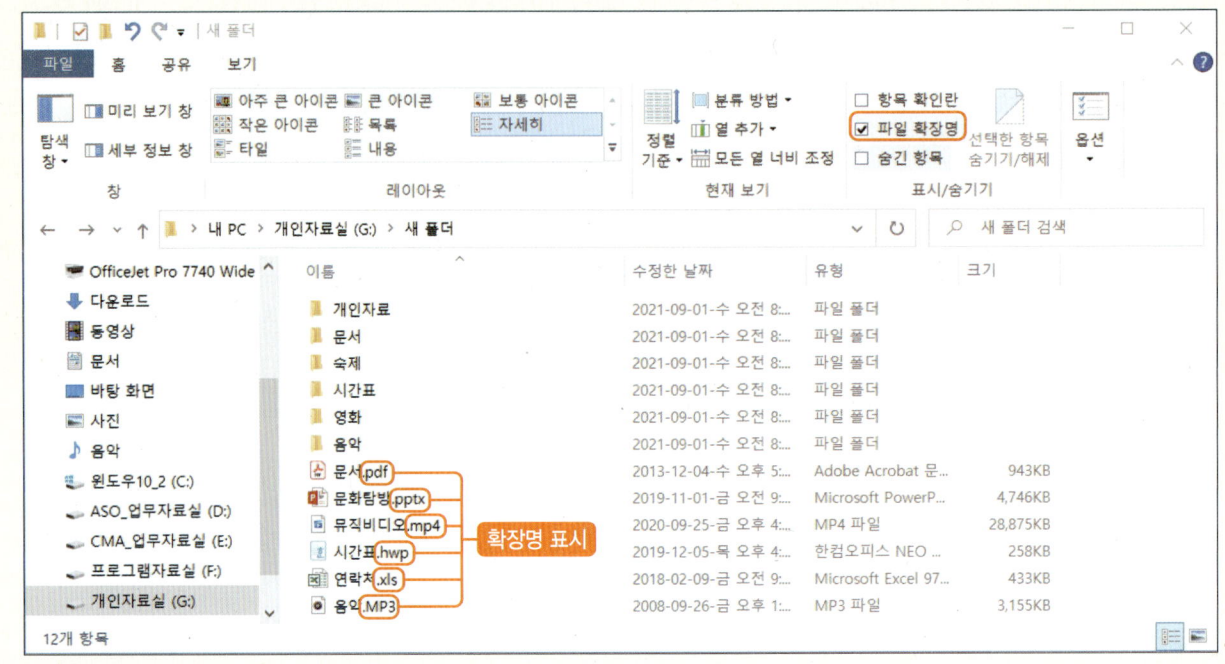

▲ 파일 확장명 표시

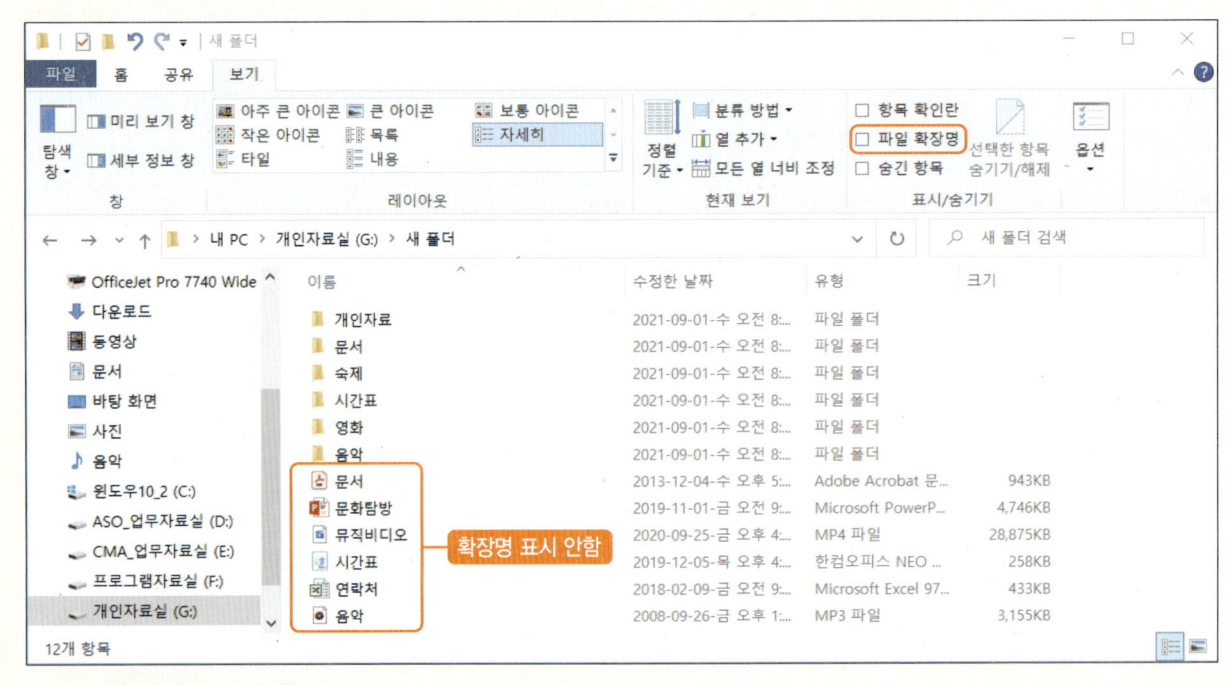

▲ 파일 확장명 표시 안 함

03 파일을 숨기고 숨겨진 파일을 확인해 봅니다.

중요한 파일들을 남이 보지 못하도록 숨겨 놓을 수 있습니다. 아래 설명은 [CHAPTER 03]-[파일과 폴더] 내용입니다.

01 [파일 목록 창]에서 화면에 숨길 파일들을 선택한 후 [표시/숨기기] 그룹에서 [선택한 항목 숨기기/해제] 단추를 클릭하여 선택한 파일이 숨겨지는 것을 확인합니다.

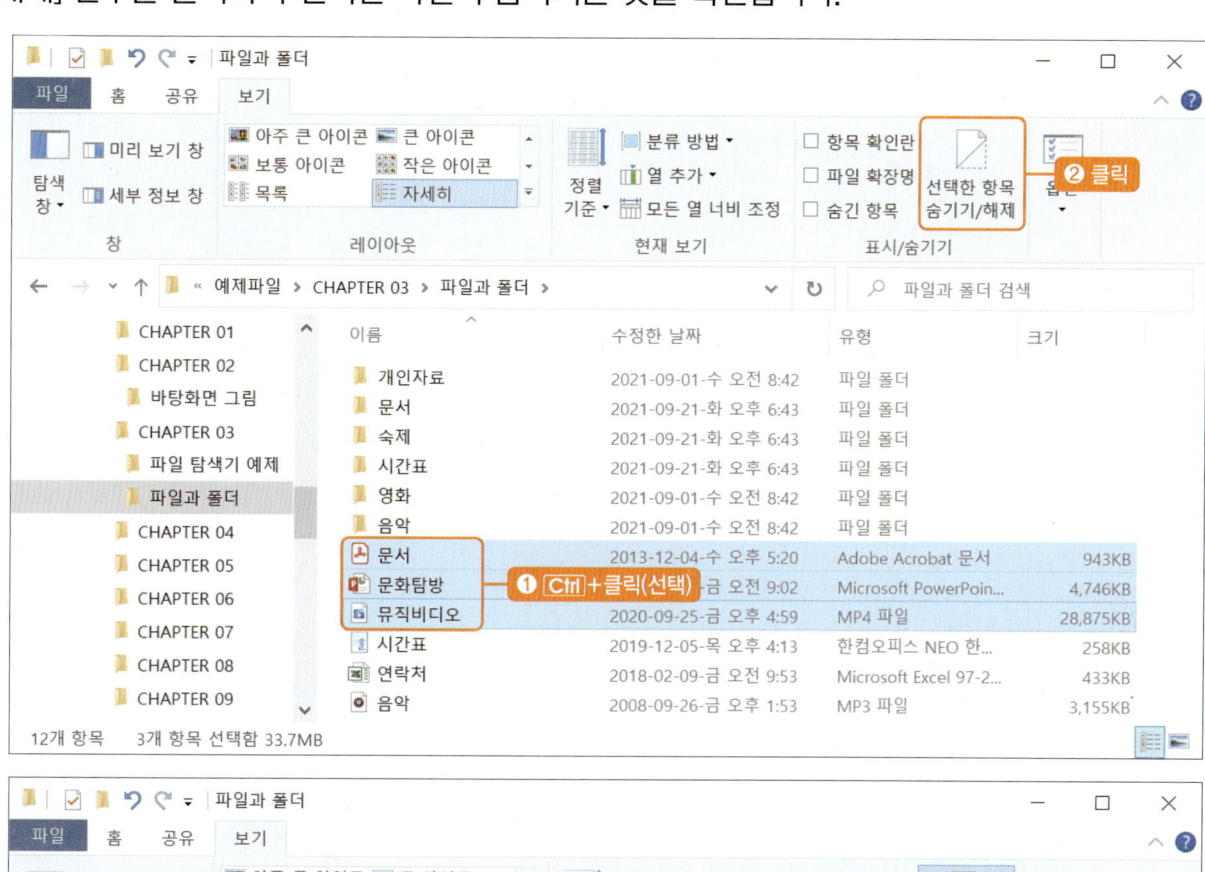

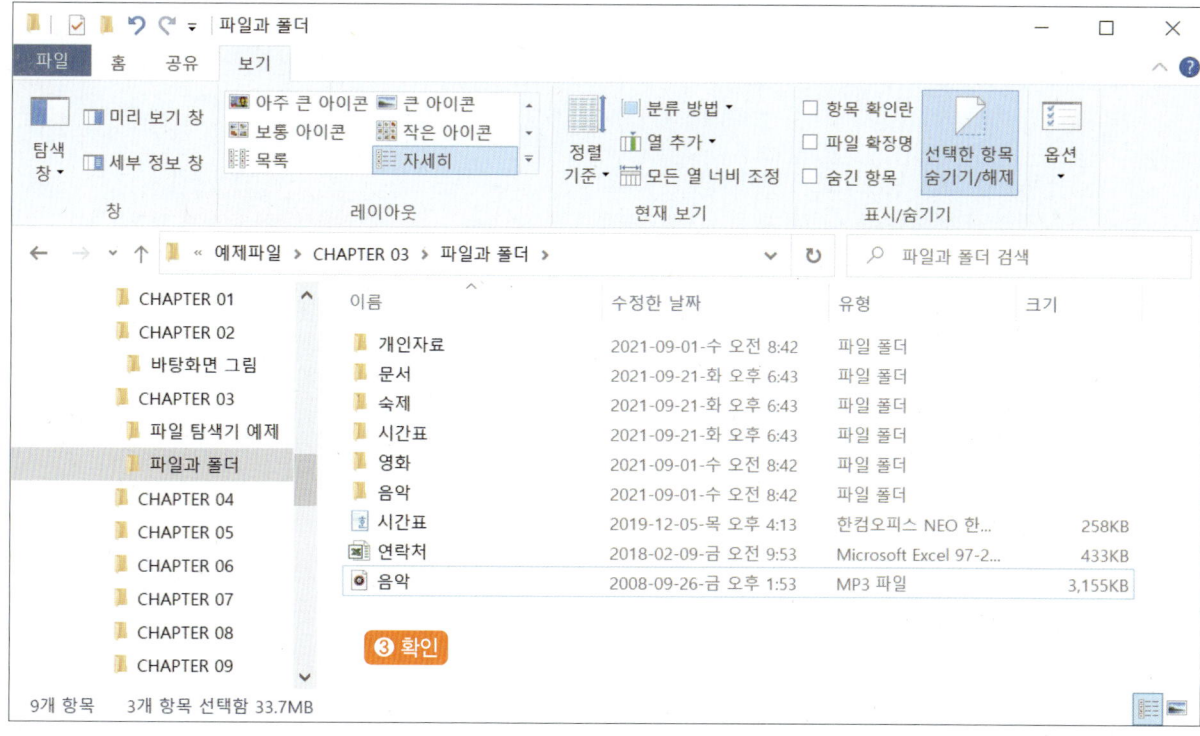

윈도우 10+인터넷 • **37**

02 숨겨진 파일들을 확인하고 싶을 경우에는 [표시/숨기기] 그룹에서 [숨긴 항목]을 클릭(☑ 숨긴 항목)하여 체크 표시를 하면 숨겨진 파일을 확인할 수 있습니다.

※ 숨겨진 파일은 흐리게 표시되어 구분됩니다.

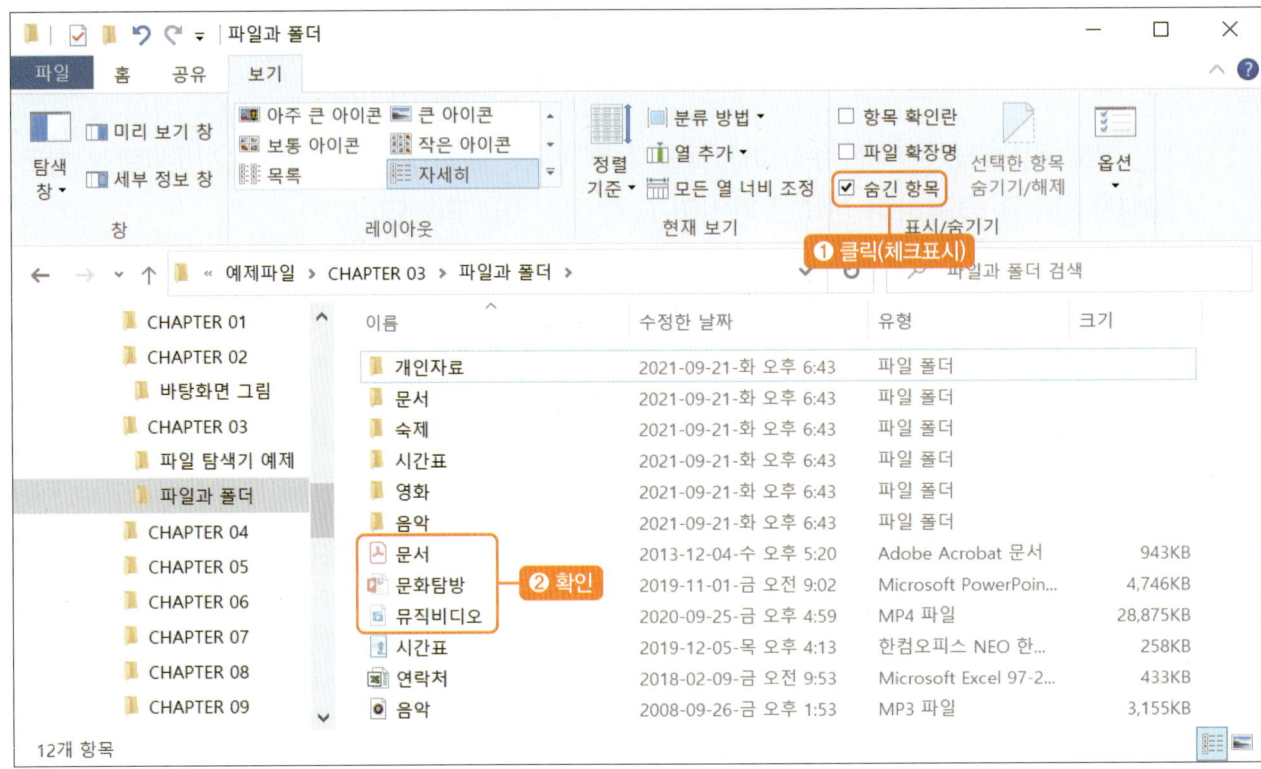

03 숨겨진 파일들을 선택한 후 [표시/숨기기] 그룹에서 [선택한 항목 숨기기/해제] 명령 단추를 클릭하면 숨기기가 해제되어 정상적으로 표시됩니다.

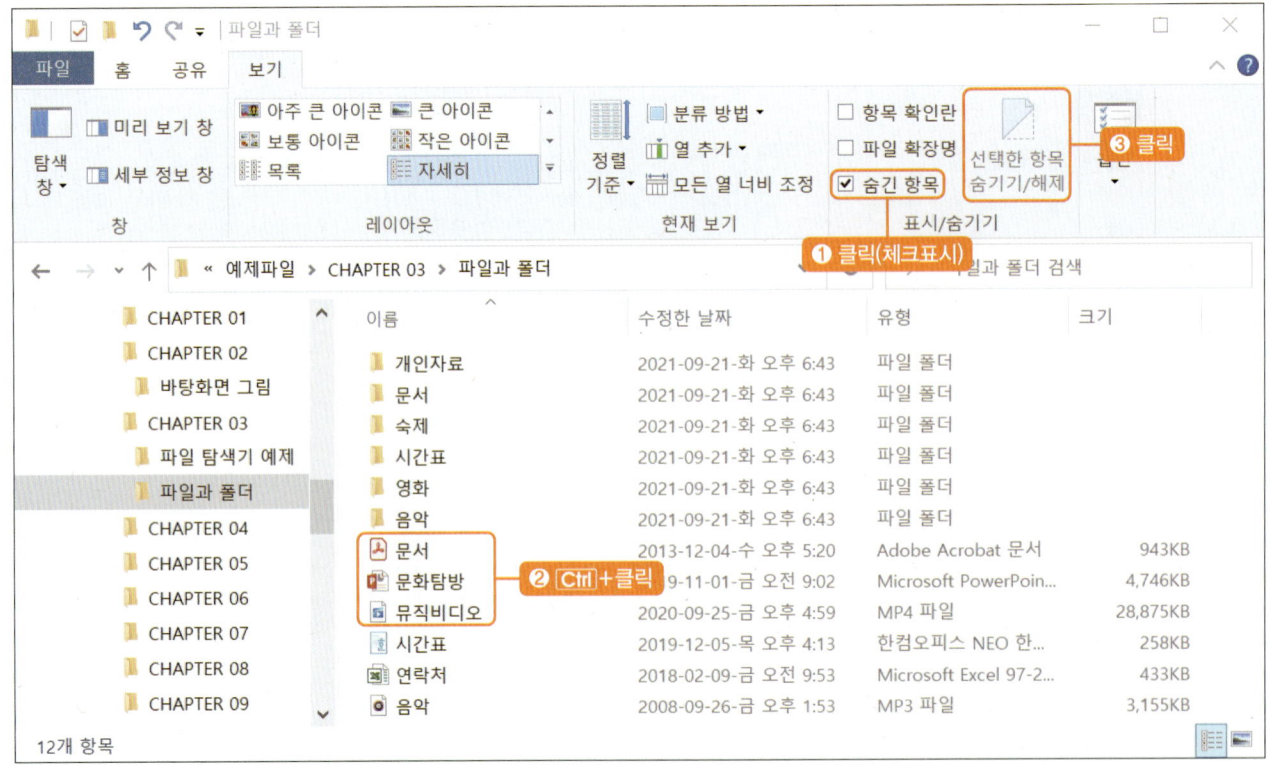

04 새로운 폴더를 만들어 봅니다.

폴더(Folder)란 파일을 담아두기 위한 방(Room) 같은 개념으로 [파일 탐색기]에서는 노란색 서류철(📁) 모양으로 되어 있습니다. 이번 시간에는 폴더를 만드는 방법을 알아보도록 하겠습니다.

01 작업 표시줄에서 [파일 탐색기(📁)]를 클릭합니다. [파일 탐색기]가 실행되면 [예제파일]-[CHAPTER 03] 폴더를 열고 [홈] 탭을 클릭합니다.

※ 특정 폴더를 열 때는 해당 폴더를 더블 클릭 합니다.

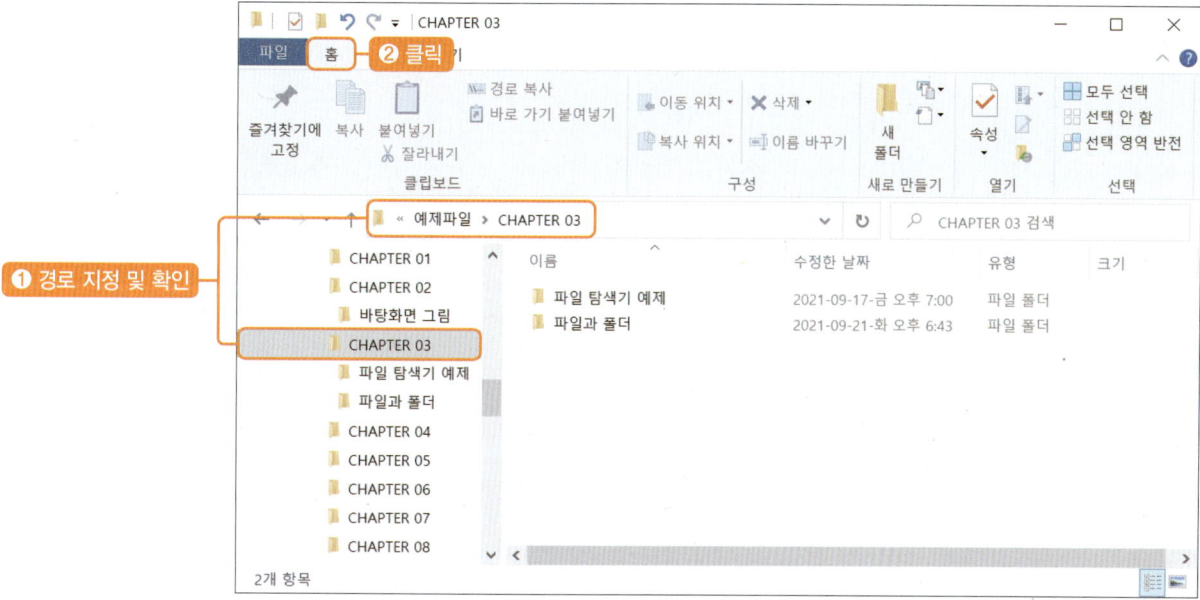

02 [새로 만들기] 그룹에서 [새 폴더]를 클릭합니다. [새 폴더(📁새 폴더)]가 만들어 지면 폴더 이름을 '파일 탐색기 복사'로 입력한 후 Enter 키를 누릅니다.

※ [파일 탐색기 복사] 폴더를 클릭한 후 F2 키를 누르면 다시 이름을 변경할 수 있습니다.

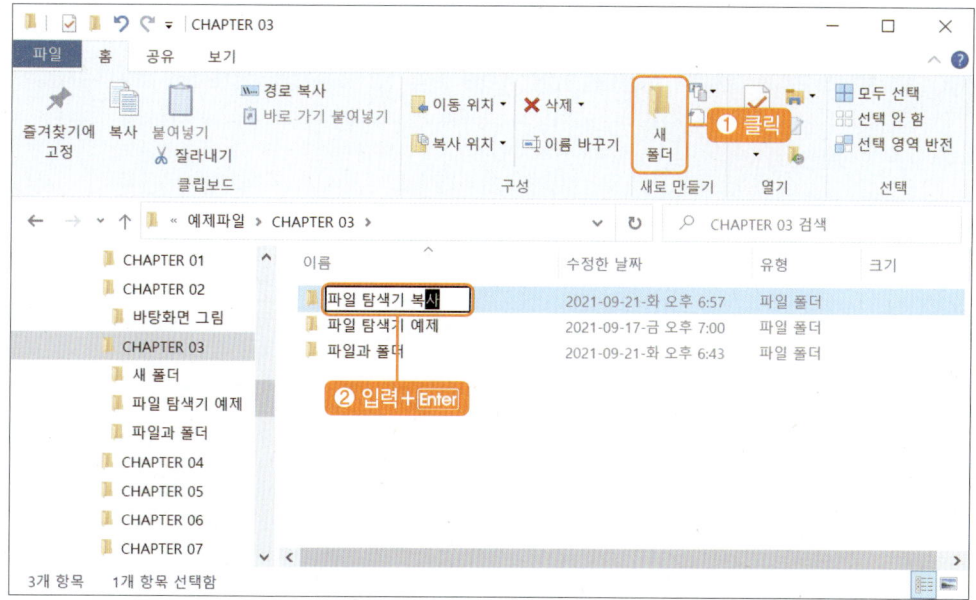

TIP

[폴더]를 만드는 방법

❶ 방법 1 : 파일 탐색기 왼쪽 상단의 '빠른 실행 도구 모음( )'에서 '새 폴더( )'를 클릭하면 폴더를 만들 수 있습니다.

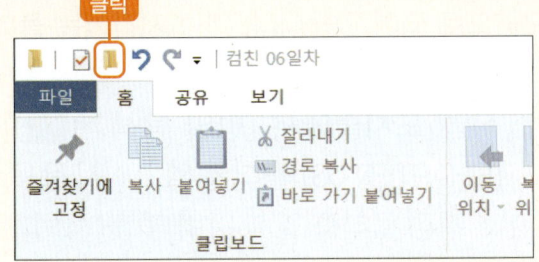

❷ 방법 2 : [새로 만들기] 그룹에서 [새 항목] 명령 단추를 클릭한 후 [폴더]를 선택하면 폴더를 만들 수 있습니다.

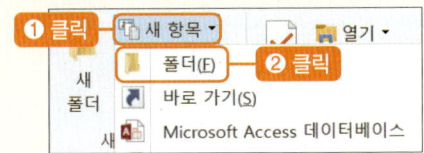

❸ 방법 3 : [탐색 창] 또는 [파일 목록 창]에서 마우스 오른쪽 단추를 눌러 [새로 만들기]-[폴더]를 클릭하면 새로운 폴더를 만들 수 있습니다.

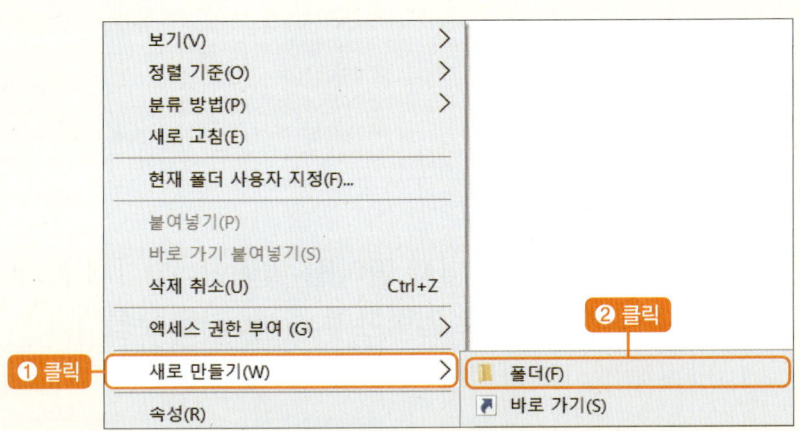

❹ 방법 4 : Ctrl+Shift+N 키를 누르면 폴더를 만들 수 있습니다.

05 파일을 다른 장소로 복사해 봅니다.

복사는 원본 파일을 다른 장소로 복사하는 것으로 원본 파일을 유지한 채 복사된 파일이 만들어집니다.

01 [예제파일]-[CHAPTER 03]-[파일 탐색기 예제] 폴더를 열어서 레이아웃을 '자세히(자세히)'를 선택합니다. 이어서, Shift 또는 Ctrl 키를 이용하여 5개의 파일을 선택한 후 [클립보드] 그룹에서 [복사( )] 명령 단추를 클릭합니다.

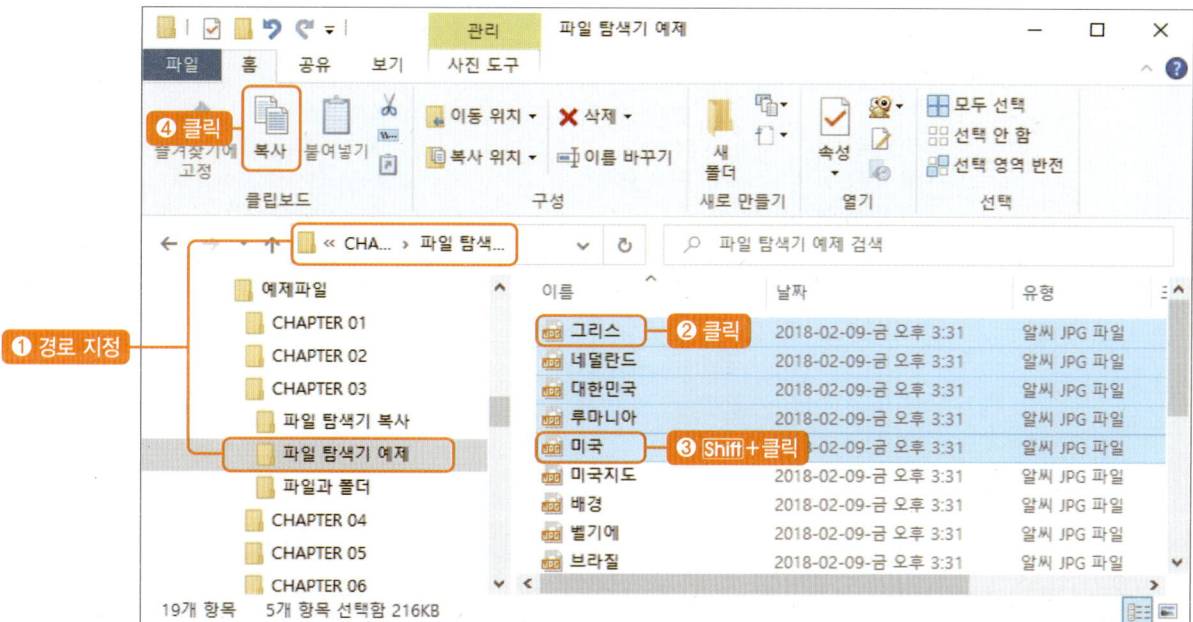

02 [탐색 창]에서 ←를 클릭한 후 복사된 파일을 붙여넣을 [파일 탐색기 복사] 폴더를 클릭하여 [파일 탐색기 복사] 폴더로 이동합니다. 이어서, [클립보드] 그룹에서 [붙여넣기( )] 명령 단추를 클릭하여 파일을 복사합니다.

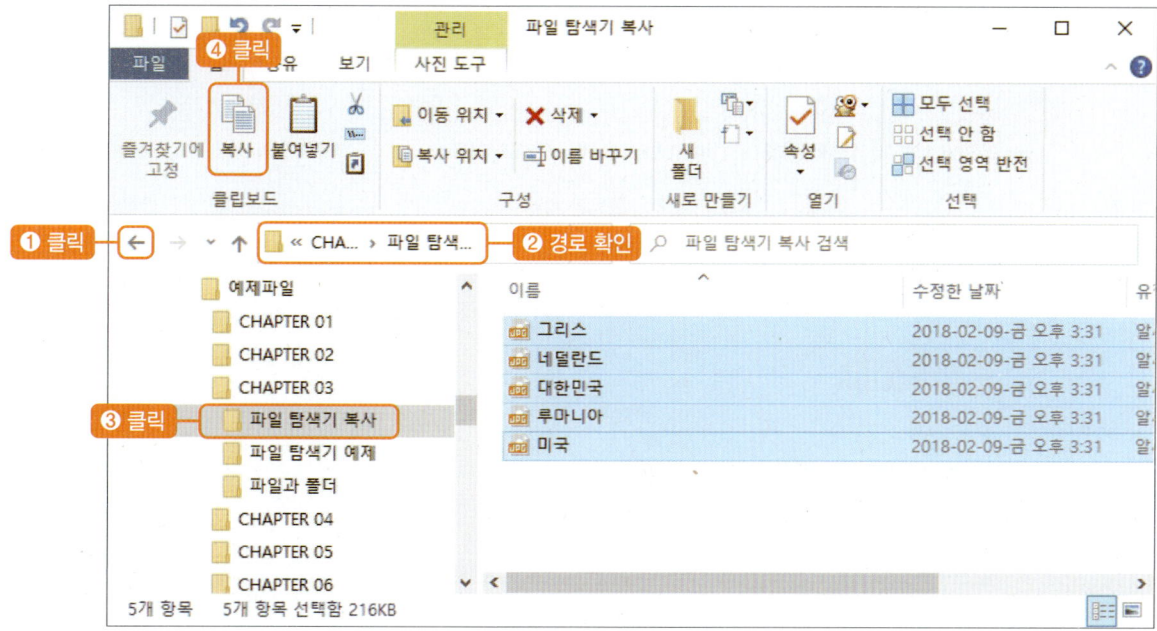

윈도우 10+인터넷 • **41**

03 [파일 탐색기 복사] 폴더에 파일들이 복사되면 [탐색 창]에서 [파일 탐색기 예제] 폴더를 클릭합니다. 해당 폴더가 선택되면 [클립보드] 그룹에서 [즐겨찾기에 고정] 명령 단추를 클릭합니다.

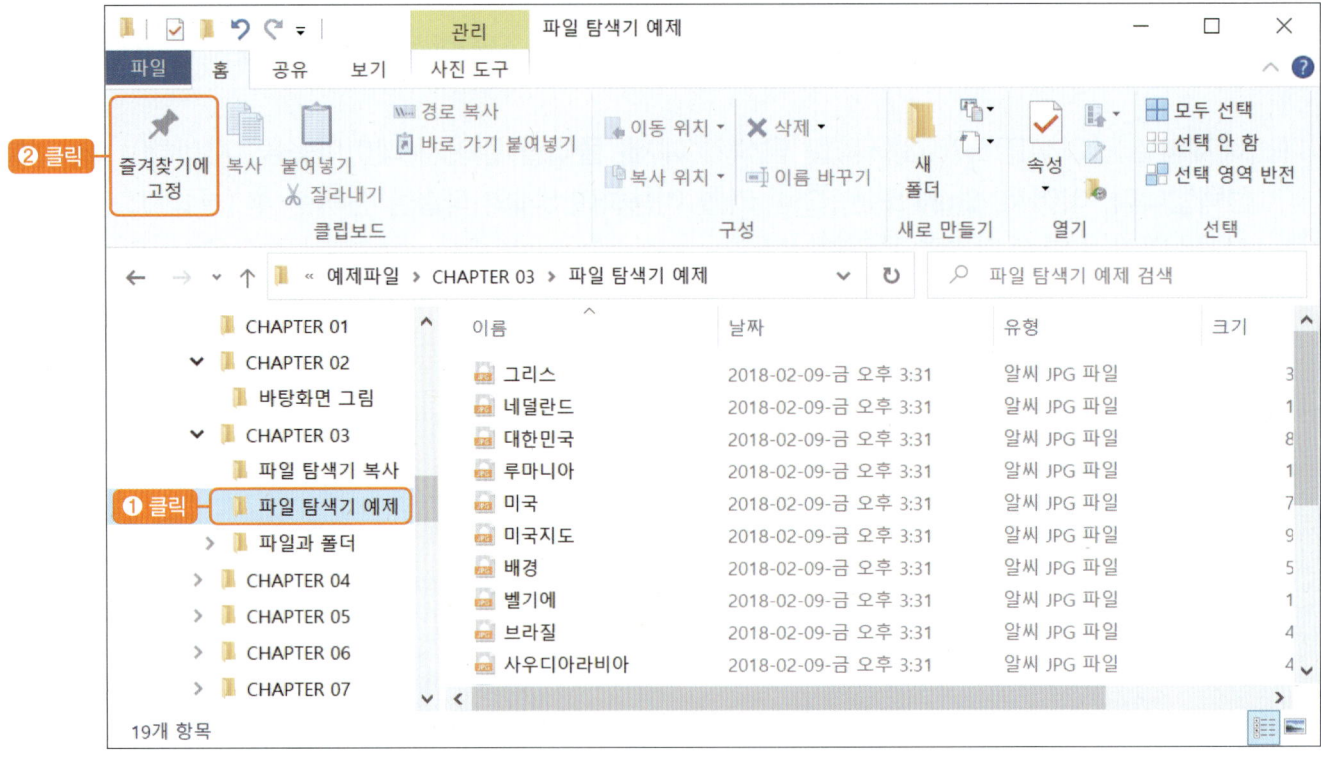

04 [탐색 창]의 스크롤바를 맨 위로 올리면 [즐겨찾기]에 [파일 탐색기 예제] 폴더가 추가되어 해당 폴더까지 찾아가지 않고도 빠르게 폴더 안의 파일 내용을 확인할 수 있습니다.

※ 즐겨찾기에 고정된 [파일 탐색기 예제] 폴더 위에서 마우스 오른쪽 단추를 눌러 [즐겨찾기]에서 제거]를 클릭하면 〈즐겨찾기 목록〉에서 삭제됩니다.

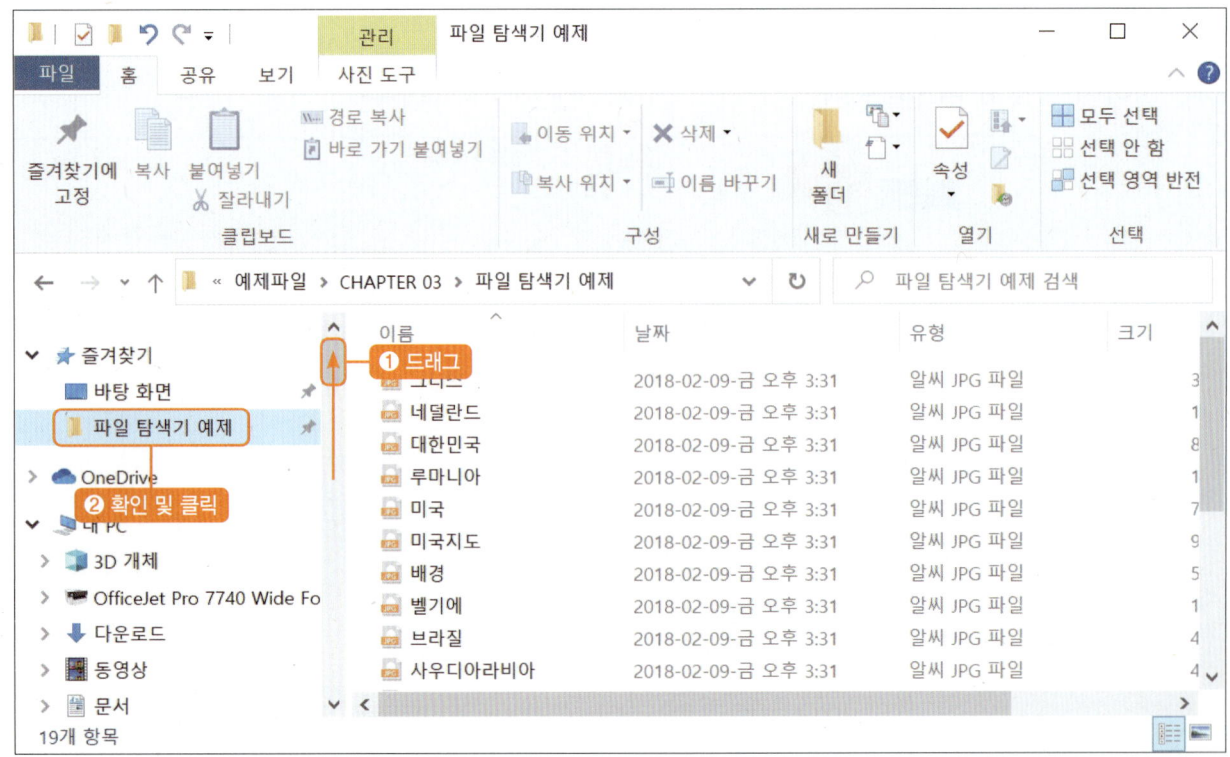

TIP

기타 다양한 복사 방법

❶ **방법 1** : [파일 탐색기 예제] 폴더에서 '배경' 파일을 선택한 후 Ctrl+C 키를 눌러 복사합니다. 이어서, 붙여넣을 [파일 탐색기 복사] 폴더를 더블 클릭한 후 Ctrl+V 키를 눌러 붙여넣습니다.

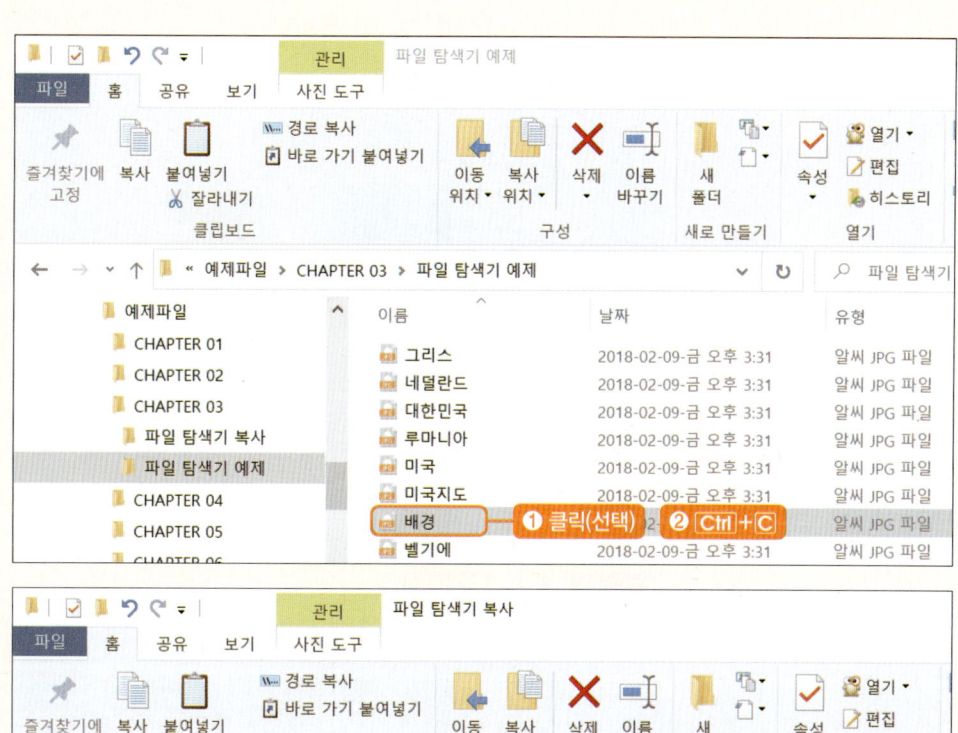

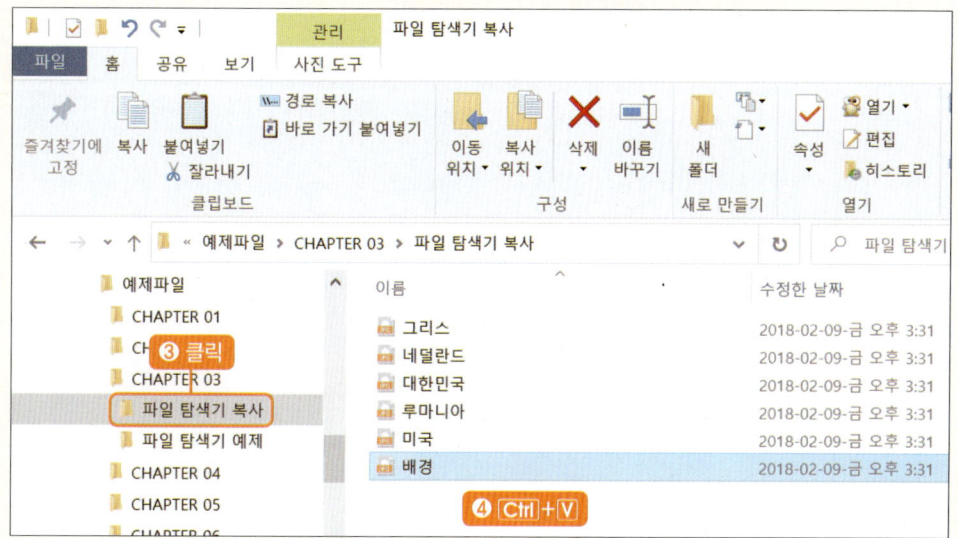

❷ **방법 2** : [파일 탐색기 예제] 폴더에서 '브라질' 파일을 선택한 후 마우스 오른쪽 단추를 눌러 [복사]를 클릭합니다. 이어서 붙여넣을 [파일 탐색기 복사] 폴더를 더블 클릭한 후 마우스 오른쪽 단추를 눌러 [붙여넣기]를 클릭합니다.

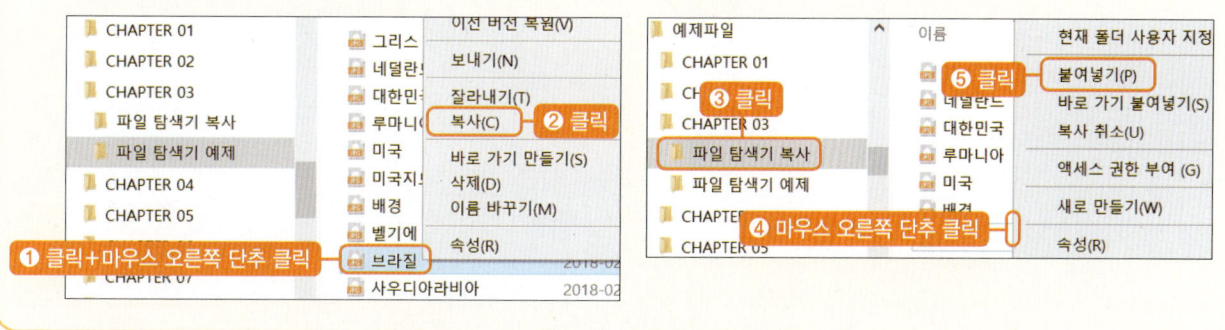

❸ **방법 3** : 복사할 파일을 선택한 후 Ctrl 키를 누른 채 복사할 폴더로 드래그합니다.

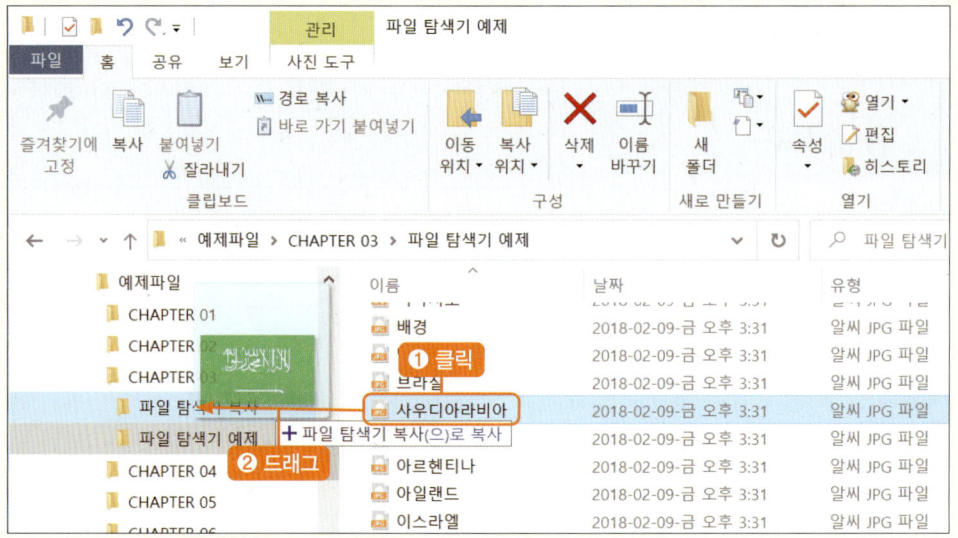

❹ **방법 4** : 복사할 파일을 선택한 후 [홈]-[구성]-[복사위치] 명령 단추를 클릭하여 [위치 선택]을 선택합니다. [항목 복사] 창이 나오면 복사할 폴더를 선택한 후 〈복사〉를 클릭합니다.

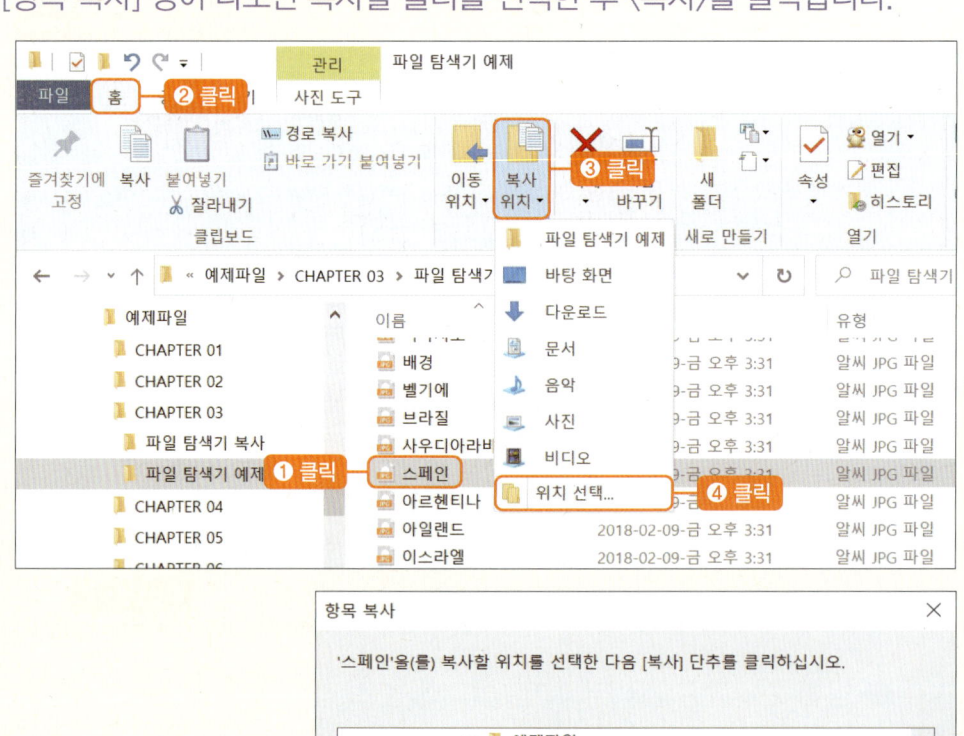

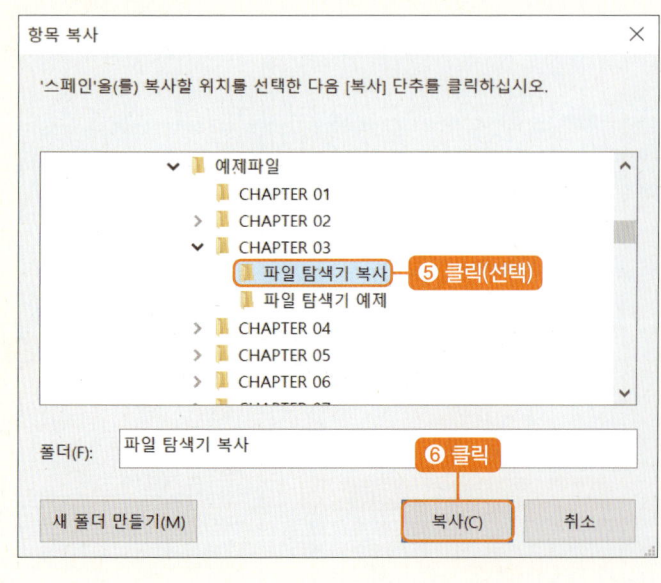

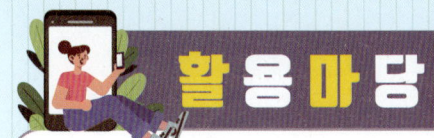

활용마당

1 [파일 탐색기]를 실행하였을 때 기본 화면이 [내 PC]가 아닌 [즐겨찾기]로 변경해 봅니다.

① [파일 탐색기]에서 [파일] 메뉴를 클릭한 후 [폴더 및 검색 옵션 변경]을 선택합니다.
② [폴더 옵션] 창이 나오면 [일반] 탭의 '파일 탐색기 열기' 항목을 '즐겨찾기'로 변경합니다.

2 [파일 탐색기]를 실행하여 [탐색 창]과 [파일 목록 창] 사이의 너비를 조절보고 최근 사용된 파일이 보이도록 또는 안 보이도록 해 봅니다.

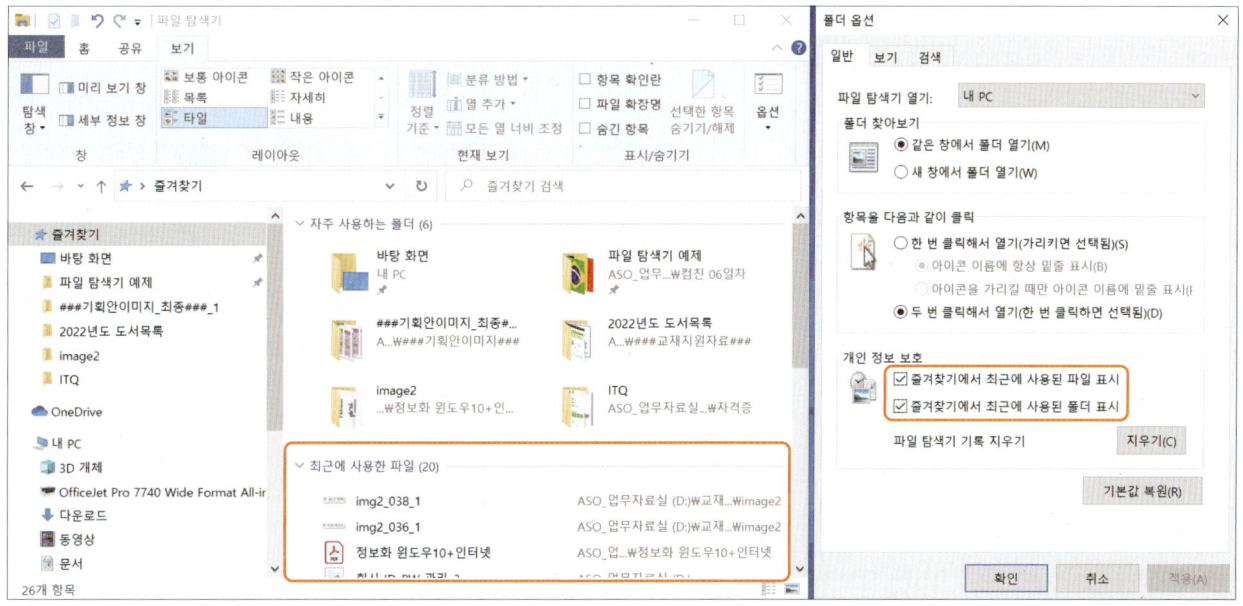

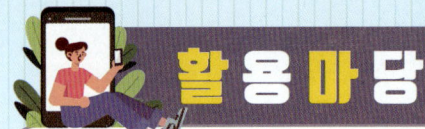

활용마당

3 바탕화면에 [홍길동]처럼 자신의 이름으로 된 폴더를 만든 후 그 폴더 안에 [복사하기] 폴더와 [이동하기] 폴더를 만들어 보세요.

4 [예제파일]-[CHAPTER 03]-[파일 탐색기 예제] 폴더에서 위 ❸번에서 만든 [복사하기] 폴더에 '대한민국', '한국지도' 파일을 복사하고, [이동하기] 폴더에 '아일랜드', '이스라엘' 파일을 이동해 봅니다.

🟡 **예제파일** : [파일 탐색기 예제]   🟡 **완성파일** : 없음

MEMO

파일 이동과 파일보기

CHAPTER 04

● **예제파일** : [파일 탐색기 예제], [파일 탐색기 보기 및 정렬] 폴더   ● **완성파일** : 없음

✻ 이번 장에서는

파일을 이동하고 파일들을 다양한 형태(자세히 등)로 볼 수 있도록 설정합니다. 또한 '오름차순', '내림차순'으로 정렬시켜 봅니다.

▲ 원본 파일

▲ 이동된 파일

▲ 이동 후 원본 파일 삭제

▲ 큰 아이콘으로 파일 미리보기

01 파일을 다른 장소로 이동해 봅니다.

'이동'은 '복사'와 달리 원본 파일을 삭제하고 다른 장소로 이동하게 되므로 원본 파일이 없어지는 차이가 있습니다.

01 파일을 이동하는 방법은 파일을 복사하는 방법과 동일하며 단, 파일 복사는 원본 파일이 남아 있고, 파일 이동은 원본이 삭제된다는 것만 파일 복사와 다릅니다.

▲ 원본 파일

▲ 이동된 파일

▲ 이동 후 원본 파일 삭제

02 첫 번째 방법은 [예제파일]–[CHAPTER 04]–[파일 탐색기 예제] 폴더에서 '한국지도' 파일을 선택한 후 [홈]–[클립보드] 그룹에서 [잘라내기] 단추를 클릭합니다. 이어서, 잘라낸 파일을 이동할 [파일 탐색기 이동] 폴더를 만들어 [파일 탐색기 이동] 폴더로 이동한 후 [클립보드] 그룹에서 [붙여넣기] 단추를 클릭하여 파일을 이동합니다.

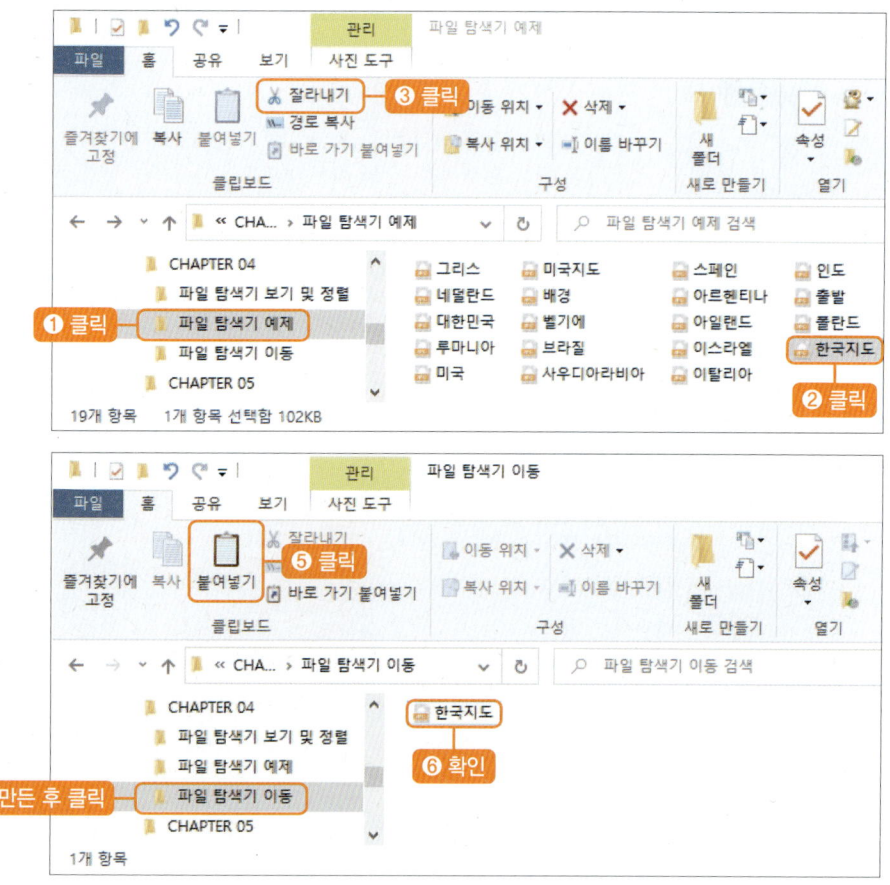

03 두 번째 방법은 [예제파일]-[CHAPTER 04]-[파일 탐색기 예제] 폴더에서 '출발' 파일을 선택한 후 Ctrl+X 키를 눌러 잘라내기를 합니다. 이어서, 잘라낸 파일을 이동할 [파일 탐색기 이동] 폴더를 클릭하여 [파일 탐색기 이동] 폴더로 이동한 후 Ctrl+V 키를 눌러 붙여넣습니다.

04 세 번째 방법은 이동할 파일을 선택한 후 마우스 오른쪽 단추를 눌러 [잘라내기]를 클릭합니다. 이어서 붙여넣을 폴더로 이동한 후 마우스 오른쪽 단추를 눌러 [붙여넣기]를 클릭합니다.

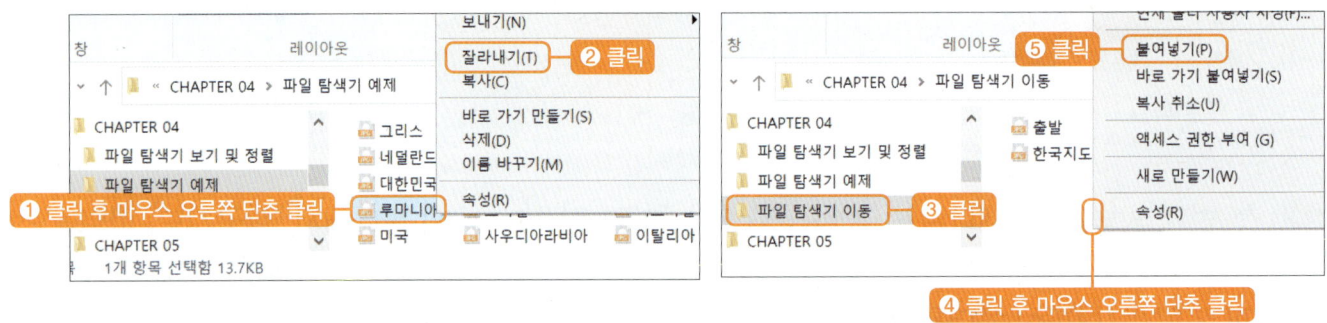

05 이동할 파일을 선택한 후 Shift 키를 누른 채 이동할 폴더로 드래그합니다.

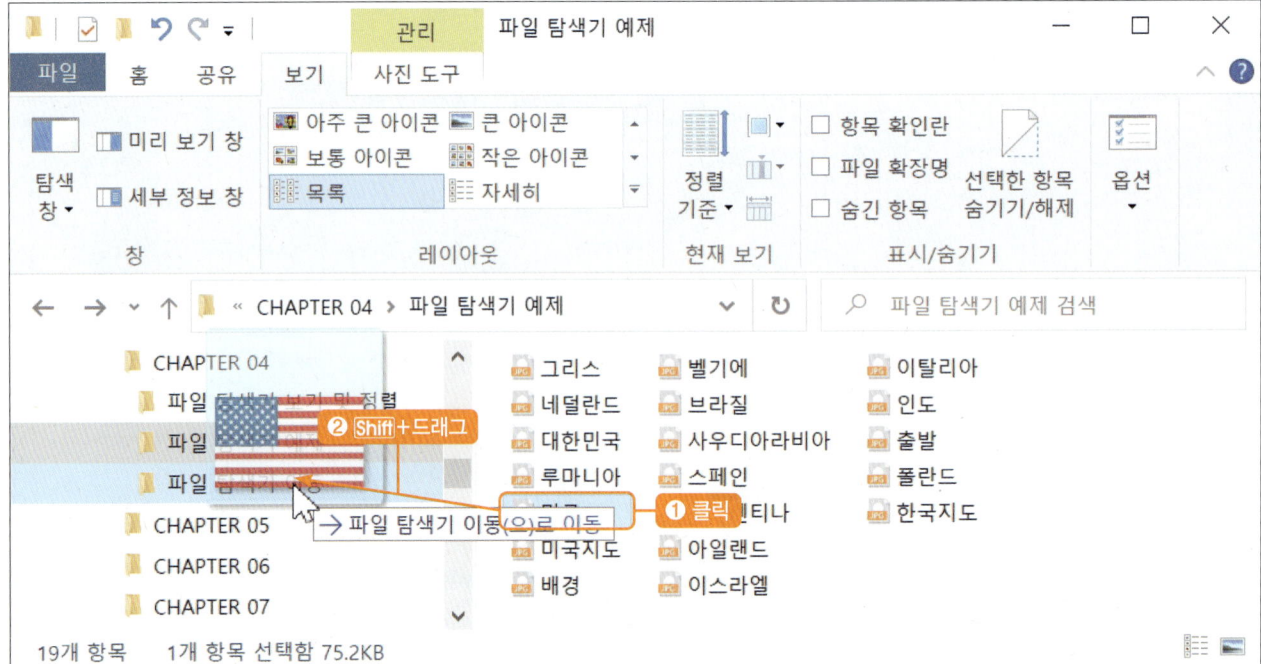

 '미리 보기 창' 및 '세부 정보 창'을 활성화시켜 봅니다.

[파일 탐색기]에서 [미리보기] 및 [세부 정보 창] 기능을 이용하여 파일을 정보를 확인할 수 있습니다.

01 작업 표시줄에서 [파일 탐색기(📁)]를 클릭합니다. [파일 탐색기]가 실행되면 [예제파일]–[CHAPTER 04]–[파일 탐색기 보기 및 정렬] 폴더를 열어서 [보기] 탭을 클릭합니다.

※ 특정 폴더를 열 때는 해당 폴더를 더블 클릭 합니다. 아래 이미지는 [레이아웃] 그룹에서 '큰 아이콘'이 선택된 상태입니다.

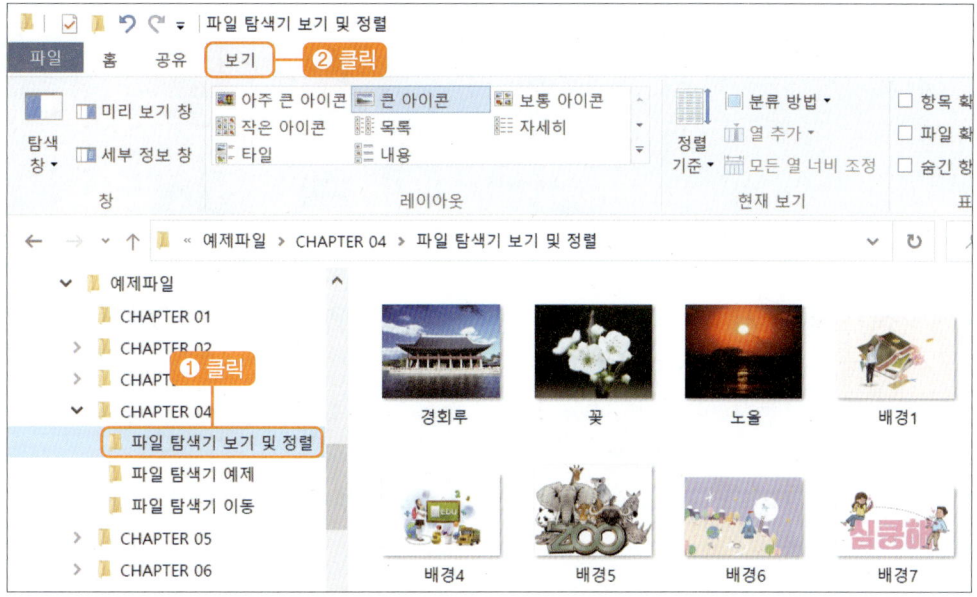

02 [창] 그룹에서 [탐색 창] 단추를 클릭한 후 [탐색 창]을 선택하여 체크를 해제하면 [파일 탐색기]에서 [탐색 창]이 보이지 않습니다.

※ [탐색 창]을 다시 클릭하여 체크(✓)가 표시되면 [파일 탐색기]에서 [탐색 창]이 보입니다.

윈도우 10+인터넷 • **51**

03 [창] 그룹에서 [미리 보기 창] 단추를 클릭하면 오른쪽에 '미리 보기 창'이 활성화되어 파일 내용을 미리 확인할 수 있습니다. 단, 미리 보기가 지원되지 않는 파일도 있습니다.

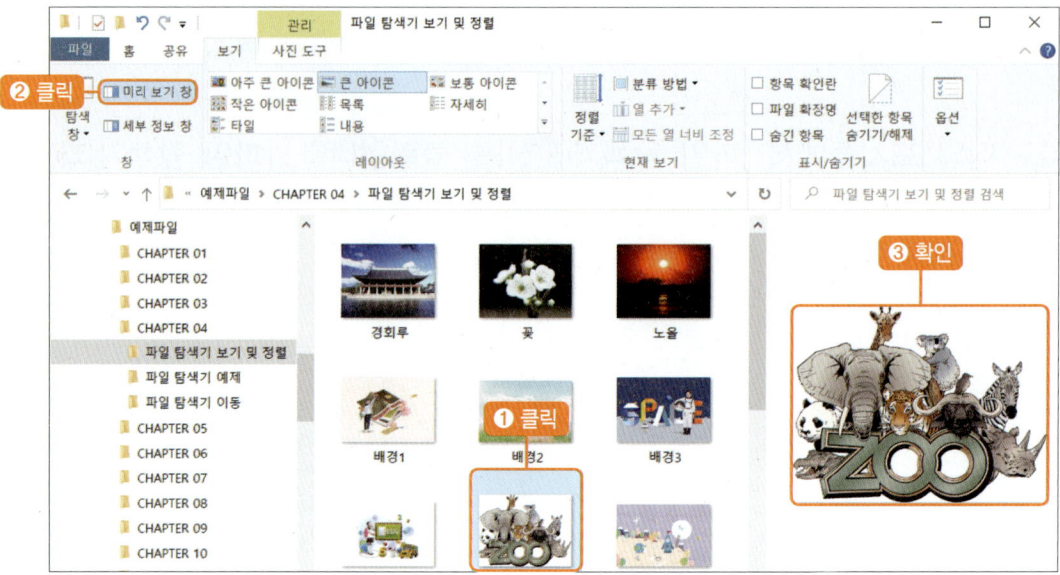

04 [창] 그룹에서 [세부 정보 창] 단추를 클릭하면 오른쪽에 '세부 정보 창'이 활성화되어 파일 정보를 미리 확인할 수 있습니다.

TIP

[미리 보기 창]과 [세부 보기 창]

[미리 보기 창]과 [세부 정보 창] 단추는 클릭을 하면 해당 기능이 적용되고 다시 한 번 클릭하면 해당 기능이 해제됩니다.

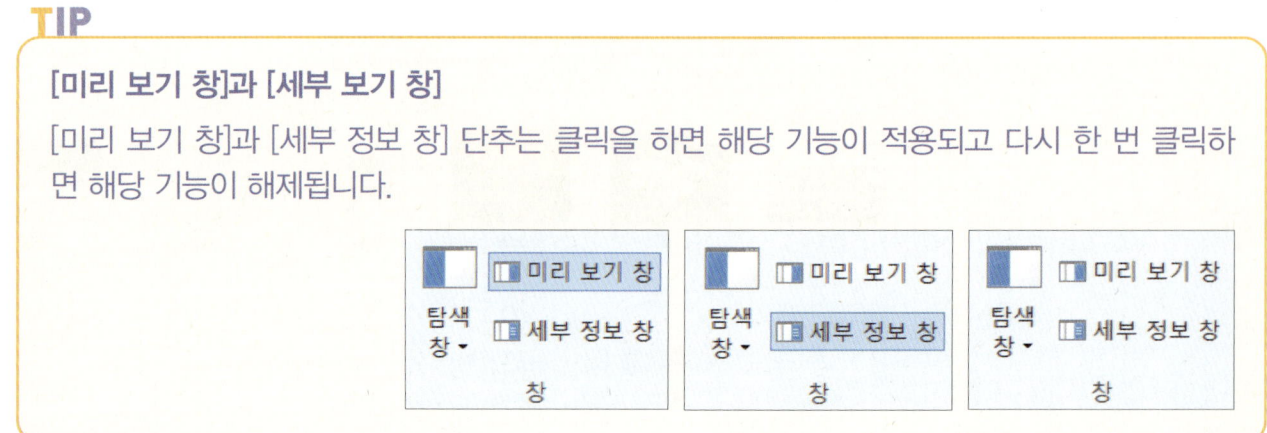

03 : 레이아웃을 다양한 형태(큰 아이콘, 자세히, 타일 등)로 변경해 봅니다.

파일 탐색기 보기 탭의 레이아웃 그룹에서 파일들을 큰 아이콘, 작은 아이콘, 목록, 자세히 등 다양한 형태로 지정하여 볼 수 있습니다.

01 [보기] 탭의 [레이아웃] 그룹에서 '아주 큰 아이콘'을 클릭합니다. 이어서 '큰 아이콘, 보통 아이콘, 작은 아이콘, 목록, 자세히, 타일, 내용'을 차례대로 클릭하여 파일들이 어떤 형태로 파일 목록 창에 표시되는지 확인합니다.

※ 원하는 레이아웃을 클릭하지 않고도 마우스 포인터를 위에 올려놓으면 해당 레이아웃을 미리 볼 수 있습니다.

02 [파일 목록 창] 오른쪽 아래 부분을 보면 레이아웃 중 일반적으로 가장 많이 사용하는 '자세히(▤)'와 '큰 아이콘(▦)'이 있어 레이아웃을 빠르게 변경할 수 있습니다.

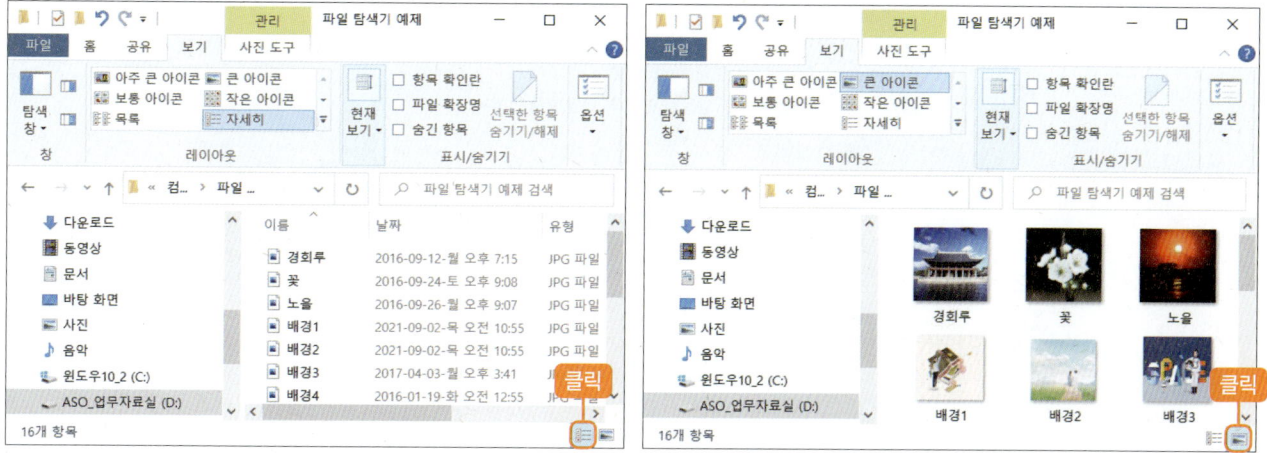

파일들을 일정한 기준으로 '정렬' 및 '분류'시켜 봅니다.

오름차순 : 파일명을 1, 2, 3 / 가, 나, 다 등 작은 것부터 큰 순으로 정렬하는 것
내림차순 : 파일명을 3, 2, 1 / 다, 나, 가 등 큰 것부터 작은 순으로 정렬하는 것

01 [현재 보기] 그룹에서 [정렬기준( )]을 클릭합니다. 여러 가지 정렬 기준이 나오면 원하는 기준을 선택하여 파일들이 어떻게 정렬되는지 확인합니다. 단, 정렬 기준 항목의 '오름차순' 또는 '내림차순'에 따라 정렬이 달라집니다.

※ 정렬 결과를 확인하기 위하여 레이아웃을 '자세히( )'로 설정합니다.

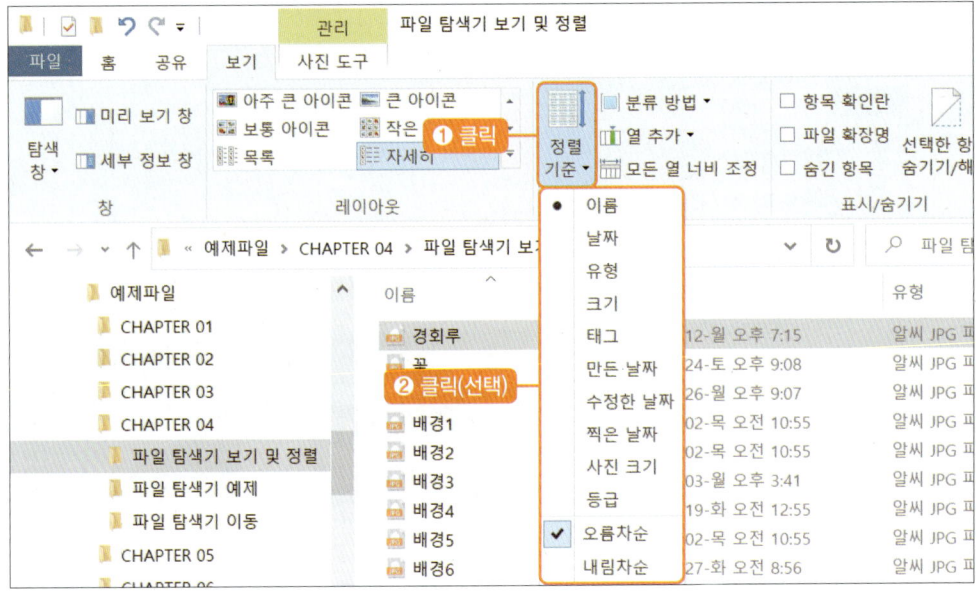

02 [현재 보기] 그룹에서 [분류 방법]을 클릭합니다. 여러 가지 분류 방법이 나오면 원하는 분류를 선택하여 파일들이 어떻게 분류되는지 확인합니다.

※ [분류 방법]에서 '(없음)'을 선택하면 분류 작업이 해제됩니다.

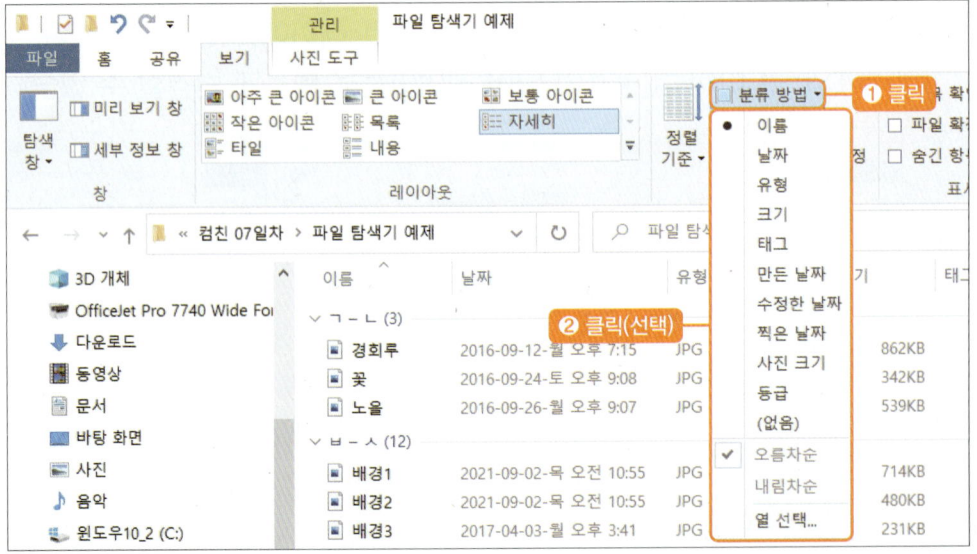

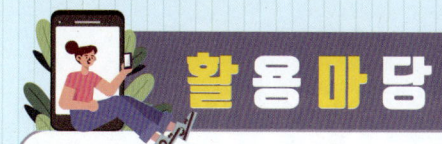

활용마당

1 [예제파일]-[CHAPTER 04]-[파일 탐색기 예제] 폴더에 있는 모든 파일을 '잘라내기' 하여 [파일 탐색기 이동] 폴더로 이동해 봅니다.

● **예제파일** : [파일 탐색기 예제]   ● **완성파일** : 없음

2 [파일 목록 창]의 열 제목명을 이용하여 빠른 방법으로 파일들을 정렬해 봅니다.

❶ [Windows] 폴더를 클릭한 후 [파일 목록 창]에서 '유형'을 클릭하여 해당 열을 기준으로 정렬시킵니다.
❷ 유형을 클릭할 때마다 '오름차순(∧)'과 '내림차순(∨)'으로 구분되어 정렬됩니다.
❸ '이름, 수정한 날짜, 크기'도 열 제목명을 클릭하여 각각 정렬시켜 확인해 봅니다.

CHAPTER 05 그림판으로 만화 작가되기

● 예제파일 : 없음   ● 완성파일 : 없음

✖ 이번 장에서는

인터넷 그림을 복사해 그림판에 붙여넣은 후 수정해 봅니다.

01 인터넷 그림을 복사해 봅니다.

그림판은 윈도우에서 무료로 제공하는 그래픽 기초 앱입니다. 이번 시간에는 인터넷에 있는 그림들을 복사해서 그림판으로 불러오도록 하겠습니다.

01 [시작] 메뉴 또는 [작업 표시줄]을 이용하여 [Microsoft Edge]를 실행한 후 네이버에 접속하여 주소(URL) 입력 칸에 '공익만화'를 입력한 후 Enter 키를 누릅니다.

02 검색결과중 원하는 만화 컷을 클릭합니다.

03 해당 만화가 나오면 원하는 만화 페이지에서 마우스 오른쪽 단추를 눌러 [바로 가기] 메뉴에서 [이미지 복사]를 클릭합니다.

※ 마우스 오른쪽 단추 사용 방지가 된 사이트가 있습니다. 이런 경우에는 다른 사이트를 사용하세요.

02 그림판에 복사한 내용을 붙여넣은 후 수정해 봅니다.

그림판으로 불러온 그림에서 일부 내용을 삭제하고 새로운 내용을 입력하는 방법을 알아보도록 하겠습니다.

01 [시작] 단추()를 클릭한 후 [Windows 보조프로그램]–[그림판]을 클릭합니다. [그림판] 앱이 실행되면 [홈] 탭의 [클립보드] 그룹에서 붙여넣기(📋)를 클릭합니다.

02 [도구] 그룹에서 지우개(🩹)를 클릭한 후 마우스 왼쪽 단추를 누른 채 드래그하여 대화가 있는 글자 부분 중 일부분을 지웁니다.

※ 글자 부분을 잘못 지웠을 경우에는 Ctrl + Z 키를 눌러 되돌립니다.

58 • 그림판으로 만화 작가되기

> **TIP**
>
> **화면 확대 축소**
> ❶ 지우개(✏️)를 이용하여 글자 부분을 삭제하거나 '텍스트(A)'로 글자 내용을 입력할 경우 화면을 확대하면 보다 쉽게 작업을 할 수 있습니다.
> ❷ [홈] 탭에서 돋보기(🔍) 도구를 이용하면 이미지를 크게 확대하여 색을 칠할 수 있습니다.
> ❸ Ctrl 키를 누른 채 마우스 휠을 위/아래로 굴리면 화면을 확대 및 축소 할 수 있습니다.

03 [도구] 그룹에서 텍스트(A)를 선택한 후 만화 내용을 입력할 첫 번째 말풍선 부분을 클릭합니다. 이어서, [텍스트] 탭의 [글꼴] 그룹에서 글꼴(맑은 고딕), 글꼴 크기(9)으로 지정한 후 [색] 그룹에서 '검정'을 선택합니다.

04 텍스트 박스의 크기를 말풍선 크기에 맞게 조절합니다.

윈도우 10+인터넷 • **59**

TIP

텍스트 박스의 위치 변경 및 크기 조절
❶ 글자를 입력한 후 마우스 커서를 텍스트 박스 점선 위로 이동시켜 원하는 위치로 끌어다 놓으면 텍스트 박스의 위치를 변경할 수 있습니다.
❷ 8개의 조절점 중에서 크기를 조절할 곳에 마우스 커서를 이동시킨 후 드래그하면 텍스트 박스의 크기를 조절할 수 있습니다.

05 자신이 원하는 새로운 대화 내용을 입력한 후 아무 것도 없는 빈 곳을 클릭하여 입력을 종료합니다. 이어서, 새로운 대화 내용을 입력한 후 텍스트 박스의 '크기와 위치'를 말풍선에 맞춥니다.

06 똑같은 방법으로 나머지 말풍선도 새로운 대화 내용을 입력합니다. 모든 대화 내용 입력이 끝나면 [파일]-[다른 이름으로 저장]을 클릭하여 자신이 원하는 위치에 저장합니다.

활용마당

1 '나머지 만화 컷 중 일부분을 지우고 똑같은 방법으로 새로운 대화 내용을 입력합니다.

CHAPTER 06
[그림판 3D] 앱으로 3D 물고기 만들기

● **예제파일** : 없음　　● **완성파일** : 물고기 완성

✖ 이번 장에서는

[그림판 3D] 앱을 이용하여 3D 개체(물고기)를 삽입해 무늬를 색칠하고 스티커를 이용하여 얼굴을 만들어 봅니다.

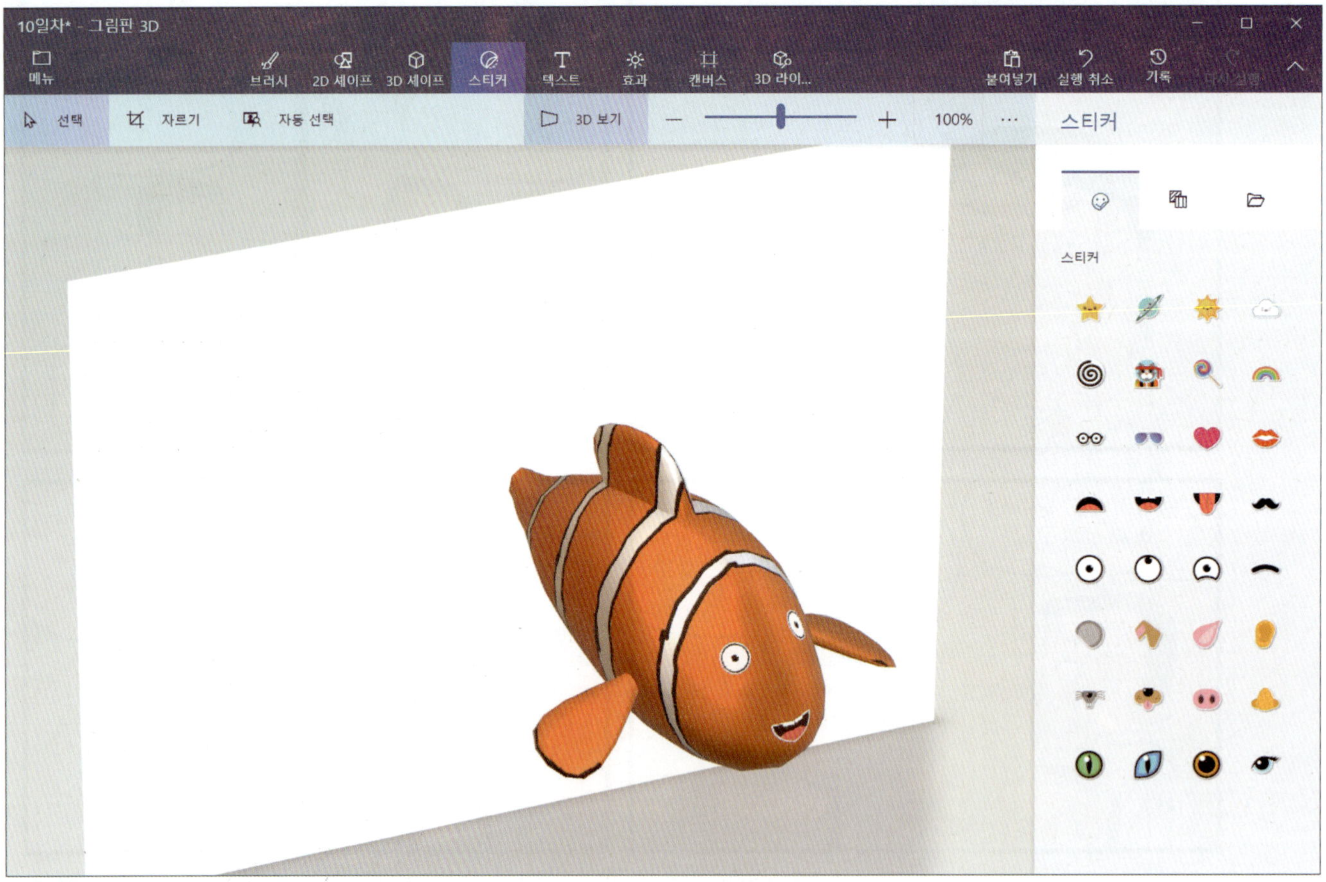

▲ 그림판 3D

01 [그림판 3D] 앱을 이용하여 3D 개체(물고기)를 삽입해 봅니다.

[그림판 3D]는 윈도우에서 무료로 제공하는 그래픽 3D 기초 앱입니다. [그림판 3D] 앱을 실행하고 기본 이미지를 추가해 봅니다.

01 윈도우 검색란에 3D를 입력하여 [그림판 3D]를 검색한 후 클릭합니다. 이어서, [그림판 3D] 앱이 실행되면 [새로 만들기]를 클릭합니다.

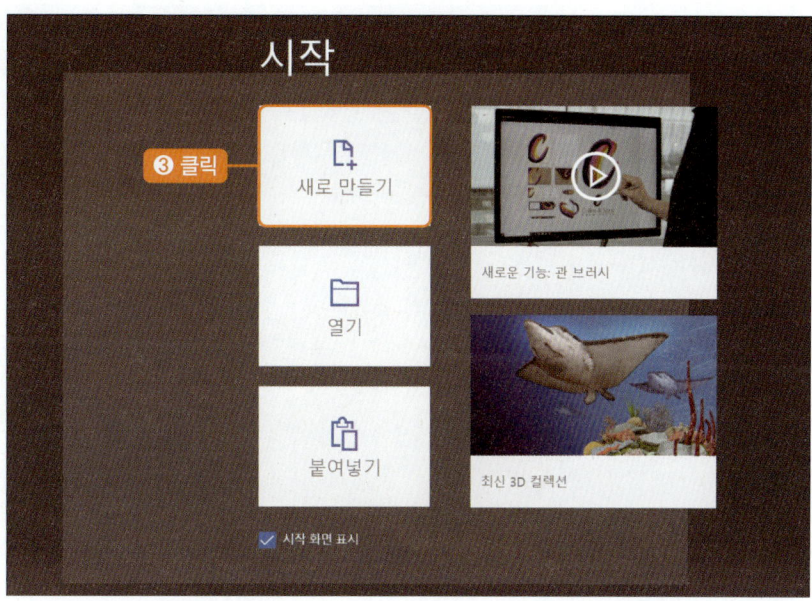

02 빈 캔버스가 나오면 상단 도구에서 [3D 셰이프]를 클릭합니다. 이어서, 화면 오른쪽의 '3D 모델' 중에 물고기( )를 선택한 후 캔버스 안에서 드래그하여 물고기를 삽입합니다.
※ 물고기 크기는 마우스로 드래그한 영역만큼 커집니다.

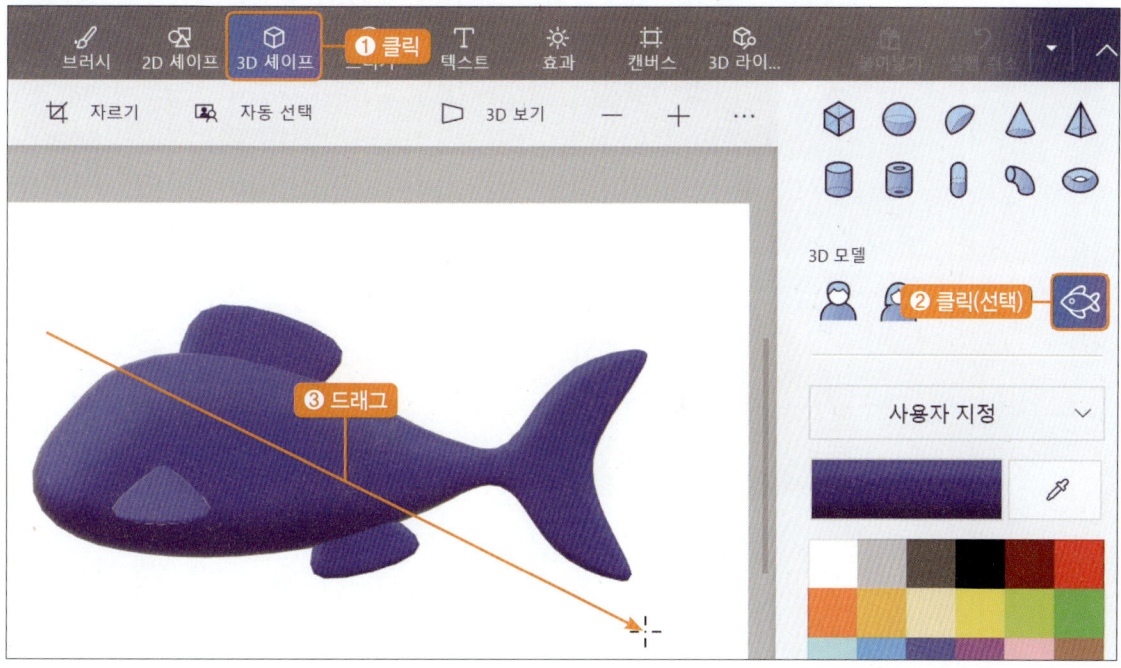

02 '채우기( )' 및 '마커( )' 도구를 이용하여 무늬를 색칠해 봅니다.

[그림판 3D]는 일반 그림판 2D 앱과 같이 기본적인 선그리기 등의 기능을 가지고 있습니다. 불러온 물고기 그림에 선그리기를 추가해 물고기를 완성해 나갑니다.

01 상단 도구에서 [브러시]를 클릭합니다. 화면 오른쪽에 여러 가지 색칠 도구가 나오면 채우기( )를 클릭한 후 아래쪽 색상 팔레트에서 주황을 선택합니다. 이어서, 물고기를 클릭하여 색을 채웁니다.

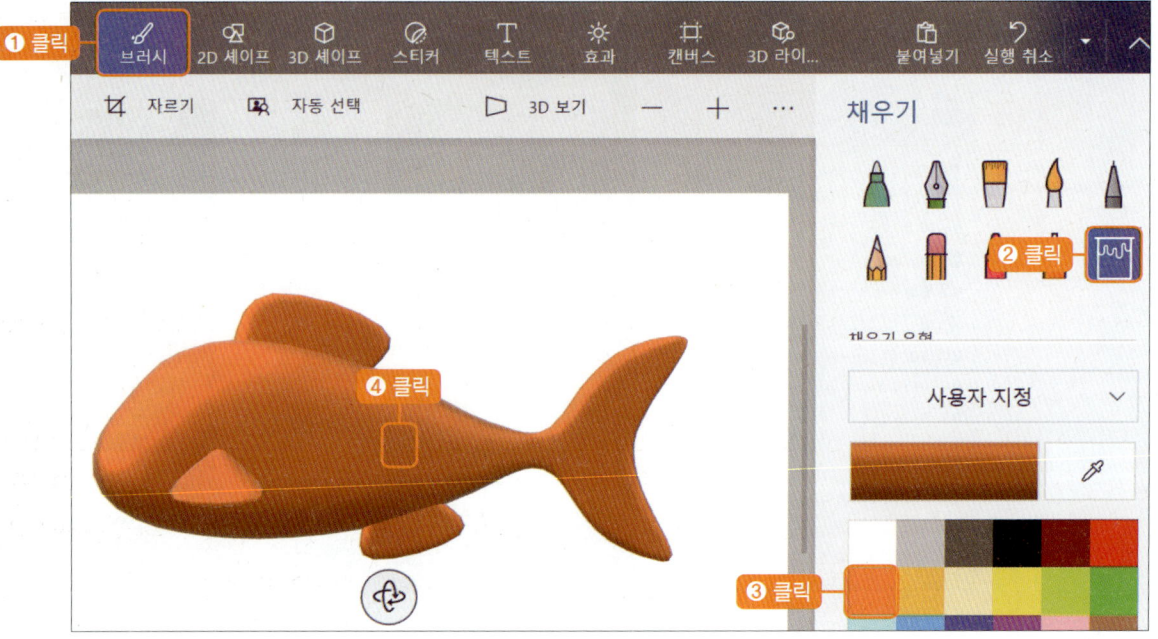

02 주황으로 색이 채워지면 오른쪽 도구에서 마커( )를 클릭한 후 두께(20px), 불투명도(100%), 색상(흰색)을 지정합니다.

03 마우스를 드래그하여 아래 이미지처럼 몸통과 지느러미에 무늬를 자유롭게 그려봅니다. 두꺼운 무늬는 여러 번 색을 칠하여 두껍게 만들며, 지느러미 부분은 두께를 10px로 변경하여 가늘게 무늬를 그립니다.

TIP

그림 색칠 및 회전하는 방법

❶ 마우스 휠을 '위/아래'로 굴리면 화면이 '확대 및 축소'되어 세밀한 부분에 색을 칠할 때 편리합니다.
❷ 색을 칠하다가 잘 못 칠한 경우 Ctrl + Z 키를 눌러 다시 색을 칠합니다.
❸ 색을 주황으로 변경하여 흰색 부분을 덧칠하면 좀 더 깨끗하게 색칠을 할 수 있습니다.
❹ 3D 개체에 색을 칠 할 때 마우스 커서가 3D 개체 바깥쪽으로 벗어나더라도 바탕에 색이 칠해지지 않습니다.
❺ 색을 칠할 때 '회전( ) 아이콘'을 누른 채 마우스를 드래그하면 다양한 각도로 3D 개체를 회전시켜 색을 칠할 수 있습니다. 회전 후 이전 각도로 되돌리려면 '되돌리기( )' 아이콘을 클릭하면 됩니다.

 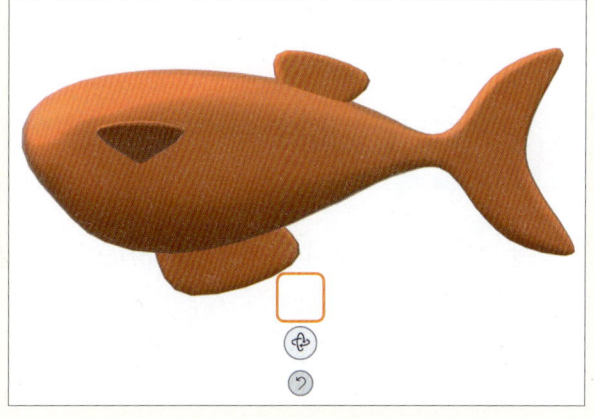

04 회전(⊕) 아이콘을 이용하여 물고기의 각도를 변경한 후 반대편 몸통에 무늬를 연결하여 그립니다.

※ 회전 아이콘을 아래쪽으로 드래그하여 '등' 부분의 색을 칠한 후 위쪽으로 드래그하여 '배' 부분을 색칠하는 것이 편리합니다.

05 색상 팔레트에서 검정을 클릭한 후 두께를 6px로 변경합니다. 이어서, 흰색 무늬 바깥쪽 부분을 모두 검정색으로 칠합니다. 이어서, 왼쪽과 오른쪽 지느러미 끝부분도 검정색으로 색칠합니다.

※ 주황과 흰색 경계에 색을 칠하는 것이기 때문에 화면을 확대하여 작업하는 것이 편리합니다.

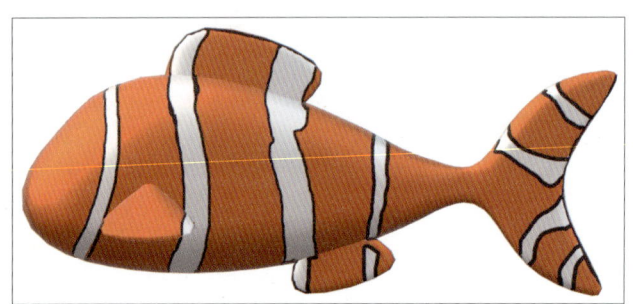

▲ 왼쪽 화면　　　　　　　　　　　▲ 오른쪽 화면

▲ 위쪽 화면　　　　　　　　　　　▲ 아래쪽 화면

03 스티커를 이용하여 눈을 만들어 봅니다.

[그림판 3D]는 선그리기 외에도 자체적으로 가지고 있는 그림(아이콘)을 불러와서 눈 모양 등을 만들어 물고기를 완성해 나갑니다.

01 회전(⊕) 아이콘을 이용하여 물고기가 정면을 바라보는 각도로 변경한 후 화면을 확대합니다.

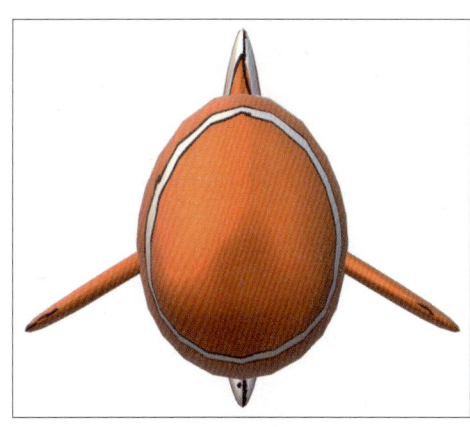

02 상단 도구에서 [스티커]를 클릭한 후 화면 오른쪽에 스티커(☺)를 선택합니다. 여러 가지 스티커 아이콘이 나오면 눈(◉)을 클릭한 후 적당한 크기로 드래그하여 오른쪽에 삽입한 다음 복제 도장(🖲)을 클릭합니다.

※ 조절점을 이용하여 크기를 조절한 후 점선 박스 안쪽을 클릭하여 위치를 지정합니다.

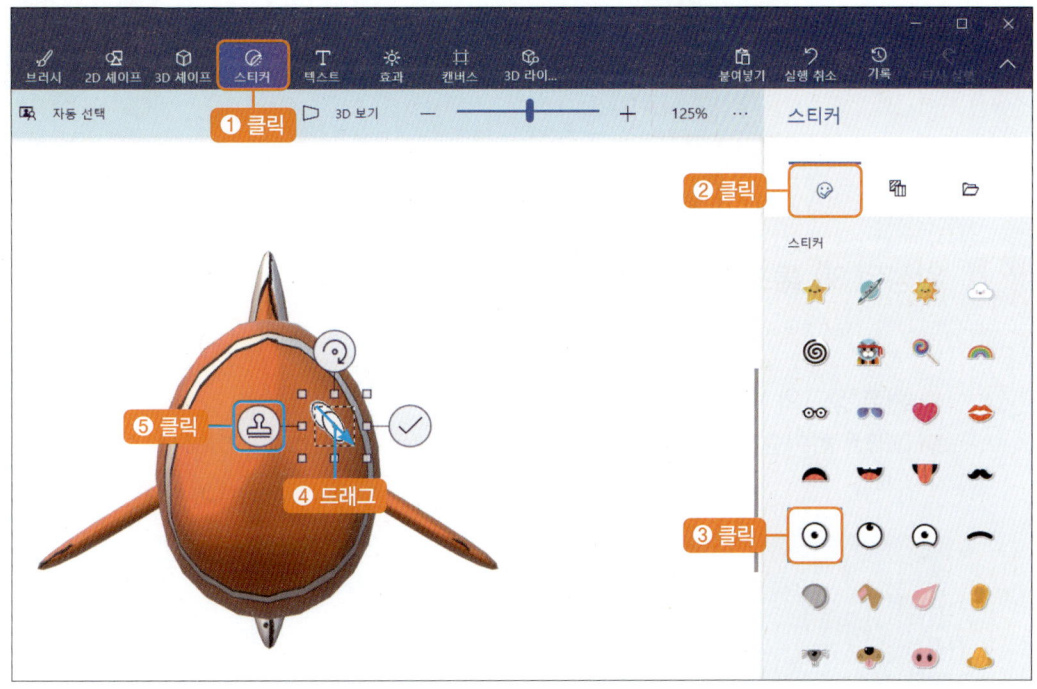

03 눈이 복제되면 마우스로 드래그하여 왼쪽으로 이동시킨 후 오른쪽 눈과 위치를 맞춘 다음 빈 곳 을 클릭합니다.

※ 눈의 위치가 정상적이지 않을 경우에는 Ctrl+Z 키를 눌러 눈이 없는 이전 상태로 되돌린 후 다시 스티커를 이용하여 눈을 추가합니다.

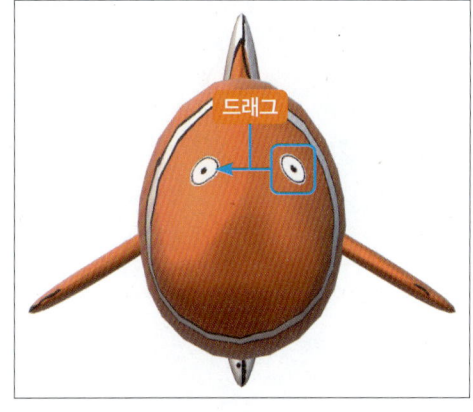

활용마당

1 스티커를 이용하여 입을 만든 후 완성된 작품을 3D로 확인해 봅니다.

❶ 상단 도구에서 [스티커]를 클릭한 후 [스티커]에서 '행복( )'을 선택합니다.
❷ 입이 삽입될 눈 아래쪽 부분을 적당한 크기로 드래그하여 삽입한 후 빈 곳을 클릭합니다.
❸ 화면 위쪽에 '3D 보기( )'를 클릭한 후 마우스로 드래그하여 완성된 작품을 확인합니다.

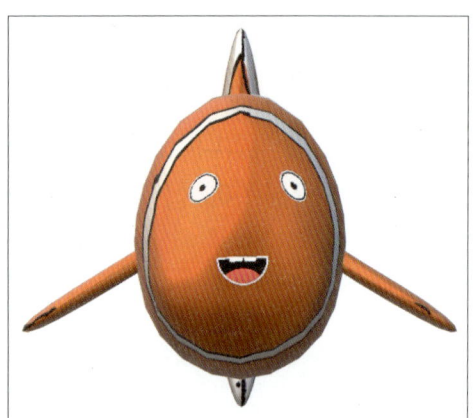
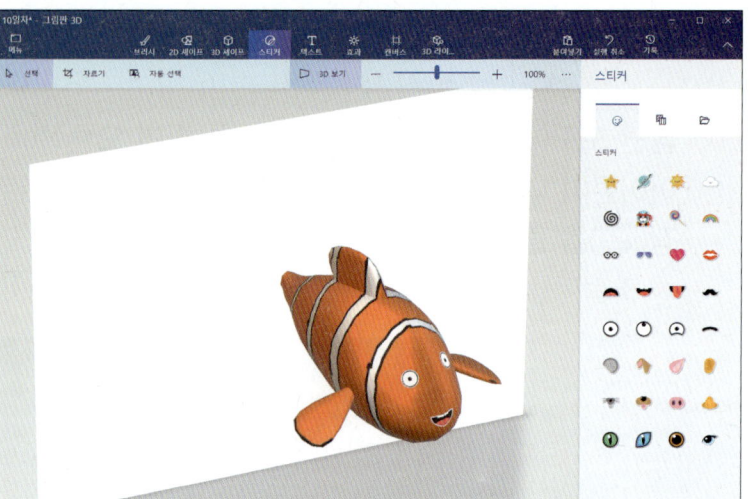

2 완성된 3D 물고기를 프로젝트 파일로 저장해 봅니다.

● **예제파일** : 없음   ● **완성파일** : 물고기 완성

❶ 왼쪽 상단의 '메뉴( )' 단추를 클릭합니다.
❷ [저장] 화면으로 바뀌면 '다른 이름으로 저장'을 클릭합니다. 이어서 '그림판 3D 프로젝트로 저장'을 클릭합니다.

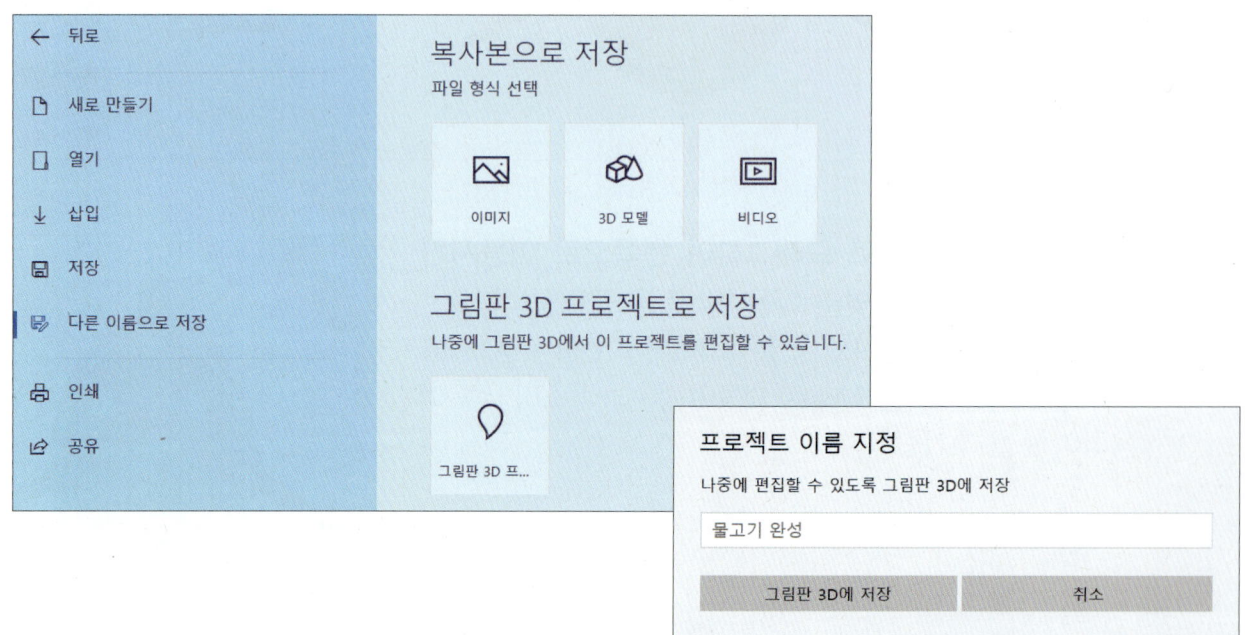

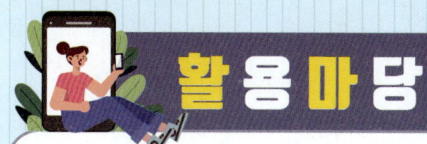

활용마당

TIP

3D 파일 저장

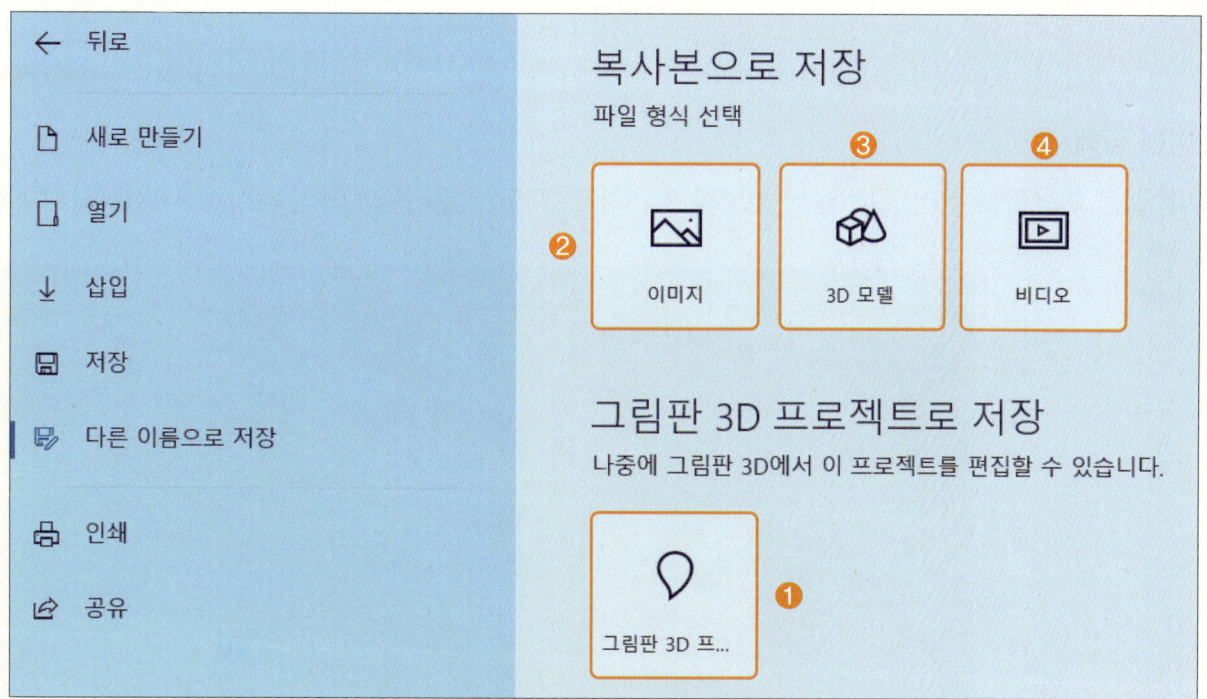

❶ 프로젝트 : 프로젝트 형태로 저장하면 지금까지 작업한 내용을 그대로 불러와 이어서 작업을 할 수 있습니다.
❷ 이미지 : 그림이 완성되면 다른 곳에서 사용하기 위해 완성 2D 이미지로 저장합니다.
❸ 3D 모델 : 3D 모델 형태로 저장되어 3D 프린터로 출력을 할 수 있습니다.
❹ 비디오 : 3D 이미지를 확인할 수 있도록 mp4 동영상 파일로 저장합니다.

CHAPTER 07 날씨 앱으로 날씨정보 확인하기

● 예제파일 : 없음   ● 완성파일 : 없음

✹ 이번 장에서는

[날씨] 앱을 이용하여 우리 동네 날씨 정보를 확인하고 [지도] 앱을 통해 여러 나라 도시들을 검색해 봅니다.

01 [날씨] 앱을 이용하여 우리 동네 날씨 정보를 확인해 봅니다.

날씨 앱은 윈도우에서 무료로 제공하는 앱입니다. 날씨 앱으로 우리 동네뿐 아니라 전세계의 여러 나라, 도시 등의 날씨를 확인할 수 있습니다.

01 [시작] 단추(⊞)를 클릭한 후 [날씨] 앱을 클릭합니다.

TIP

[Microsoft Store] 에서 'MSN 날씨' 앱 다운로드 및 설치

※ 날씨 앱이 없을 경우 [Microsoft Store] 앱을 실행하여 'MSN 날씨' 앱을 다운로드하여 설치합니다.

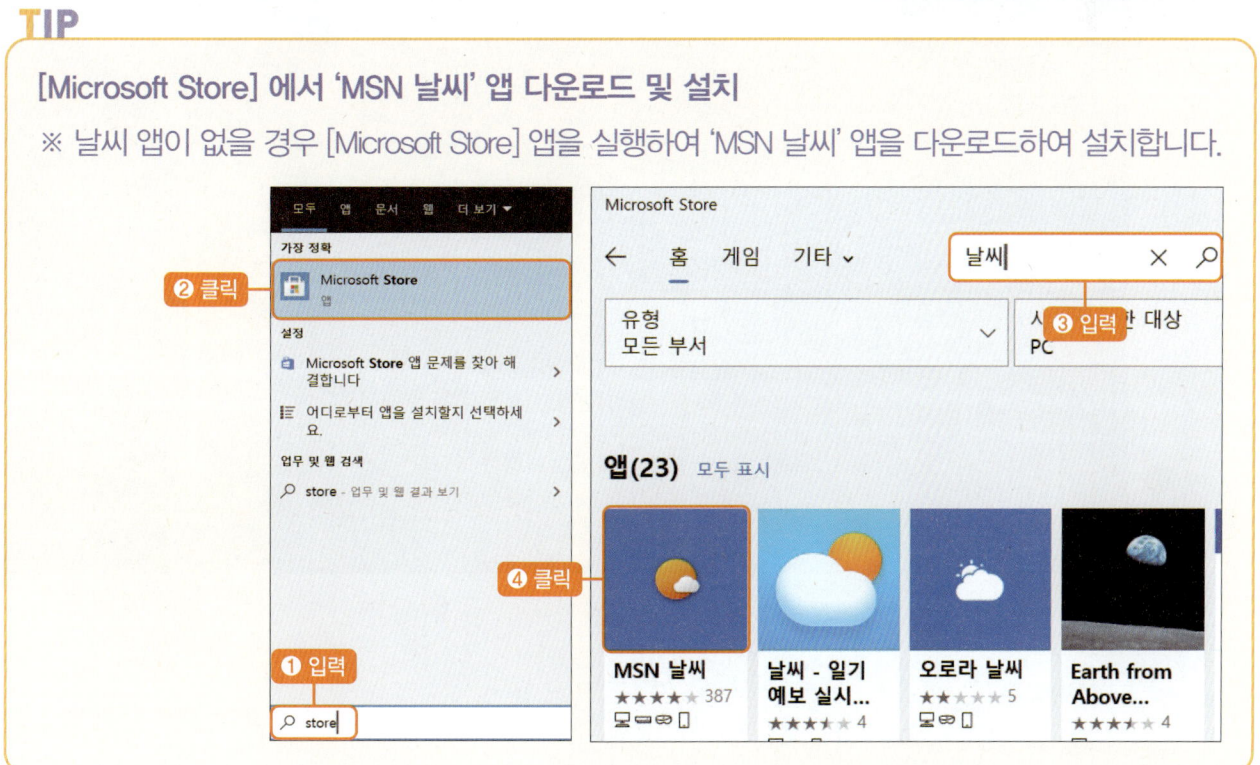

윈도우 10+인터넷 • **71**

02 [날씨] 앱이 실행되면 왼쪽 아래에 설정(⚙)을 클릭하여 온도 표시를 섭씨로 설정합니다. 이어서, '검색' 칸에 현재 살고 있는 지역을 입력합니다.

※ 위치를 검색할 때 현재 살고 있는 동네(파주시, 유성구, 서귀포 등)를 중심으로 위치를 검색할 수도 있습니다.

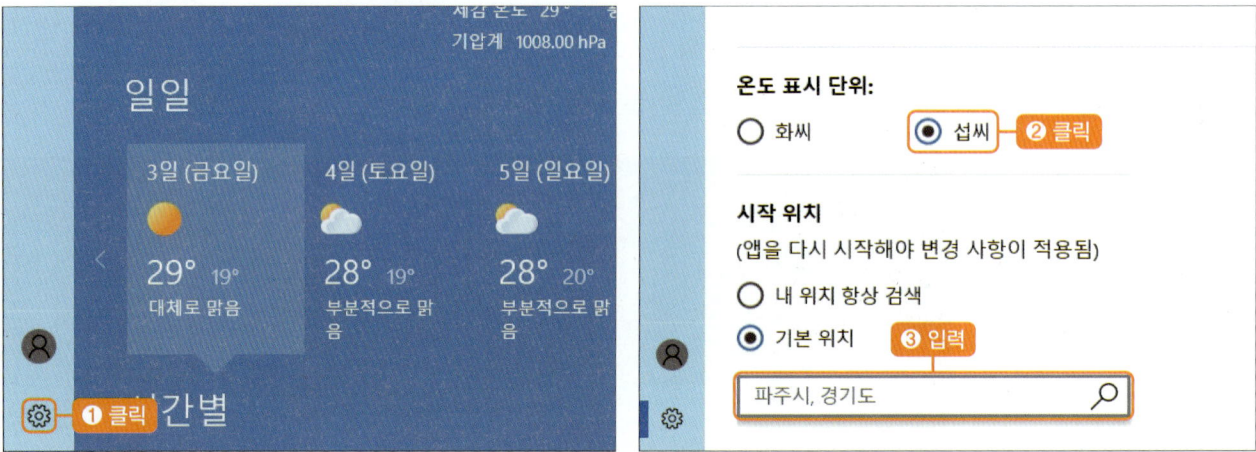

03 설정한 지역의 날씨 정보가 나오면 오른쪽 스크롤바를 아래쪽으로 내려서 일일, 시간별, 자세히, 강수량, 기온 등을 확인합니다.

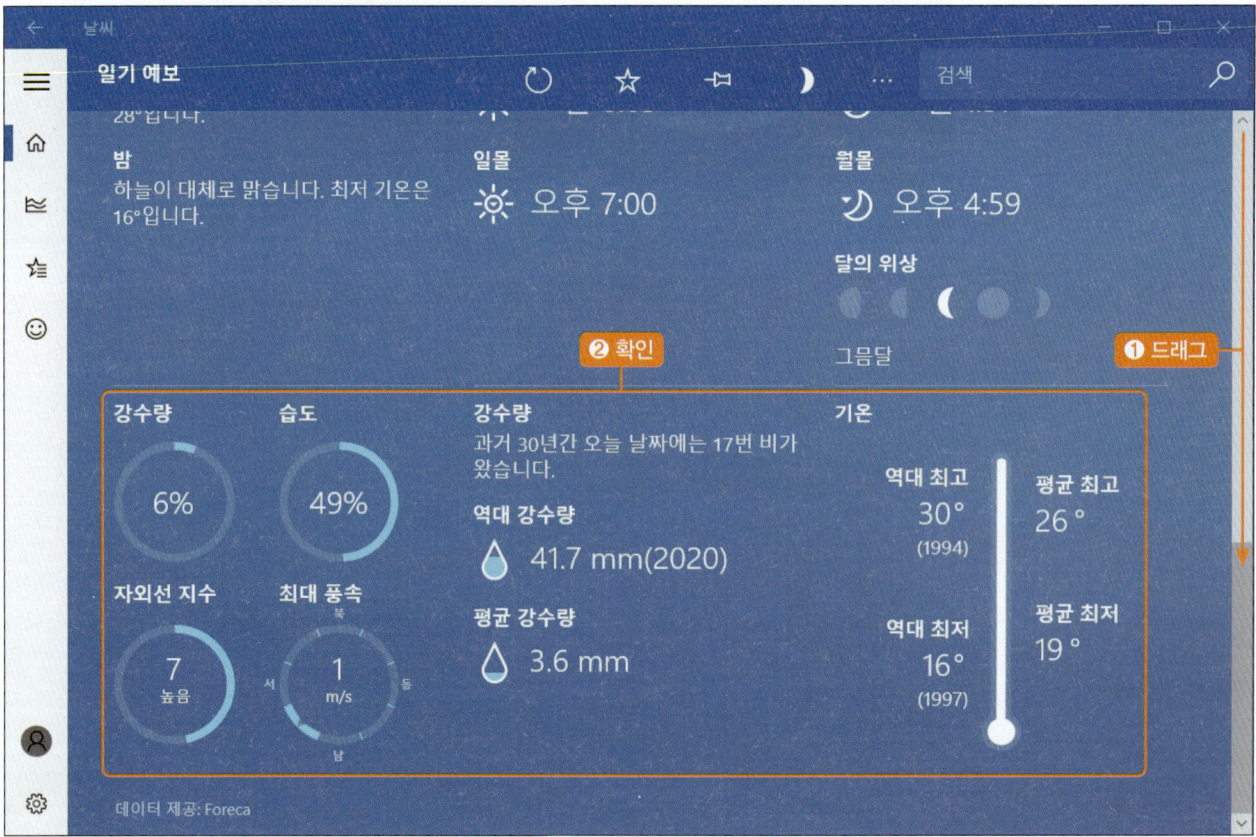

04 [날씨] 앱 화면 왼쪽 위에 있는 '☰' 단추를 클릭하여 '≋ 과거 날씨'를 선택합니다. 과거 날씨(작년 기준) 정보가 나오면 〈기온〉, 〈강수량〉, 〈눈 온 날〉을 클릭하여 날씨 정보를 확인합니다.

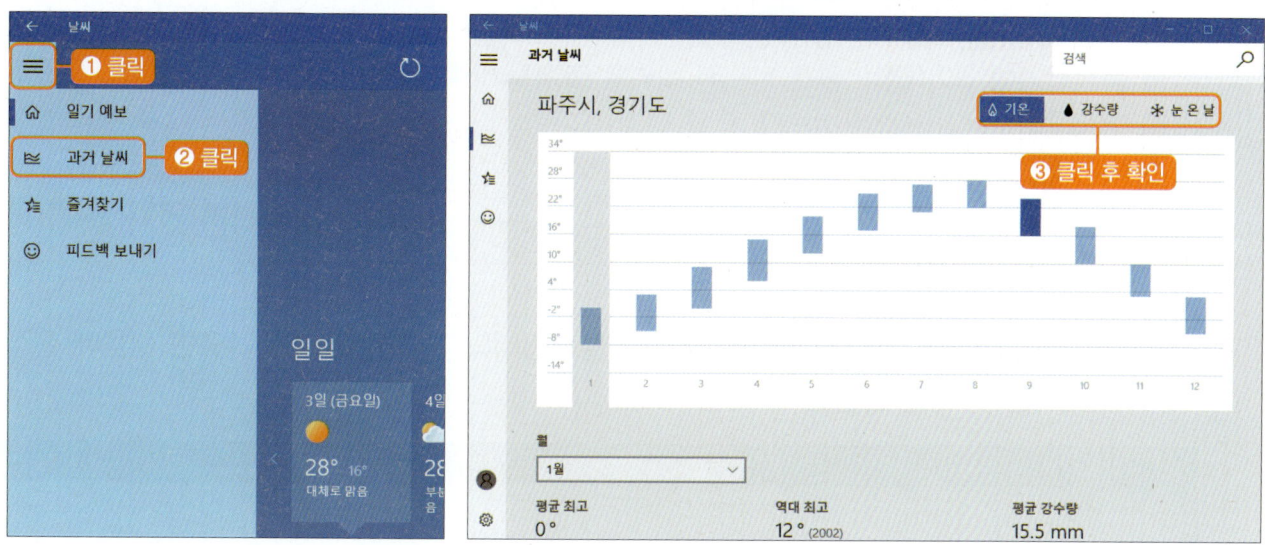

05 [날씨] 앱 화면 왼쪽 위에 있는 '☰' 단추를 클릭하여 '☆ 즐겨찾기'를 클릭합니다. [즐겨찾기] 화면이 나오면 '+' 단추를 클릭하여 즐겨찾기에 추가할 지역을 입력한 후 해당 지역의 날씨 정보를 확인합니다.

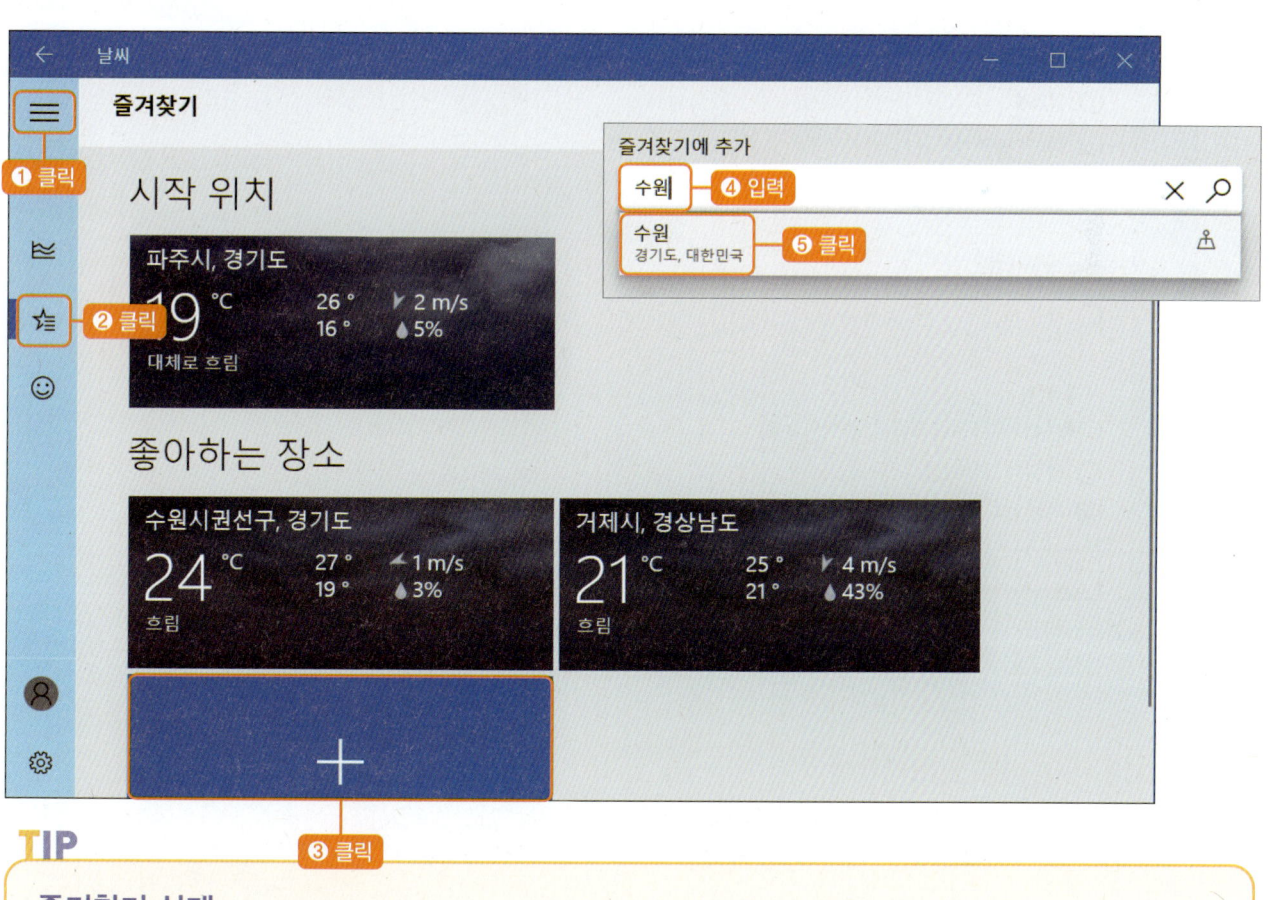

TIP

즐겨찾기 삭제

좋아하는 장소에 추가된 지역 위에서 마우스 오른쪽 단추를 눌러 [즐겨찾기에서 제거]를 클릭하면 선택한 지역이 삭제됩니다.

TIP

상단도구모음(⟳ ☆ 📌 ☀ … 검색 🔍)

❶ 새로 고침(⟳) : 새로운 날씨 정보를 가져와서 보여줍니다.
❷ 즐겨찾기에 추가(☆) : 현재 선택된 지역을 즐겨찾기에 추가합니다.
❸ 고정(📌) : 현재 선택된 지역을 타일 앱에 추가합니다.
❹ 테마(☀) : 왼쪽 메뉴바를 어두운 테마로 변경할 수 있습니다.
❺ 검색(검색 🔍) : 원하는 도시를 검색하여 날씨 정보를 확인할 수 있습니다.

06 [날씨] 앱 왼쪽 아래에 있는 설정(⚙) 단추를 클릭합니다. [설정] 화면이 나오면 처음에 설정했던 시작 위치(기본 위치)를 변경할 수 있습니다.

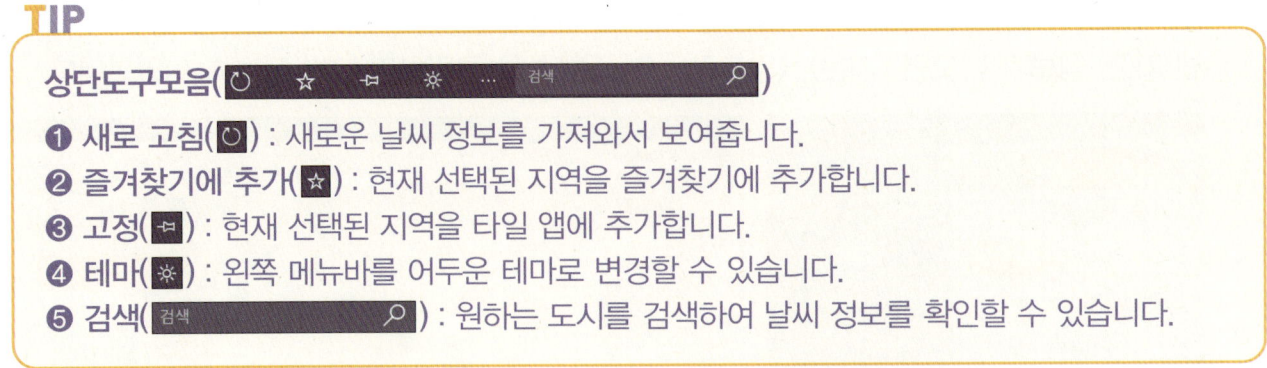

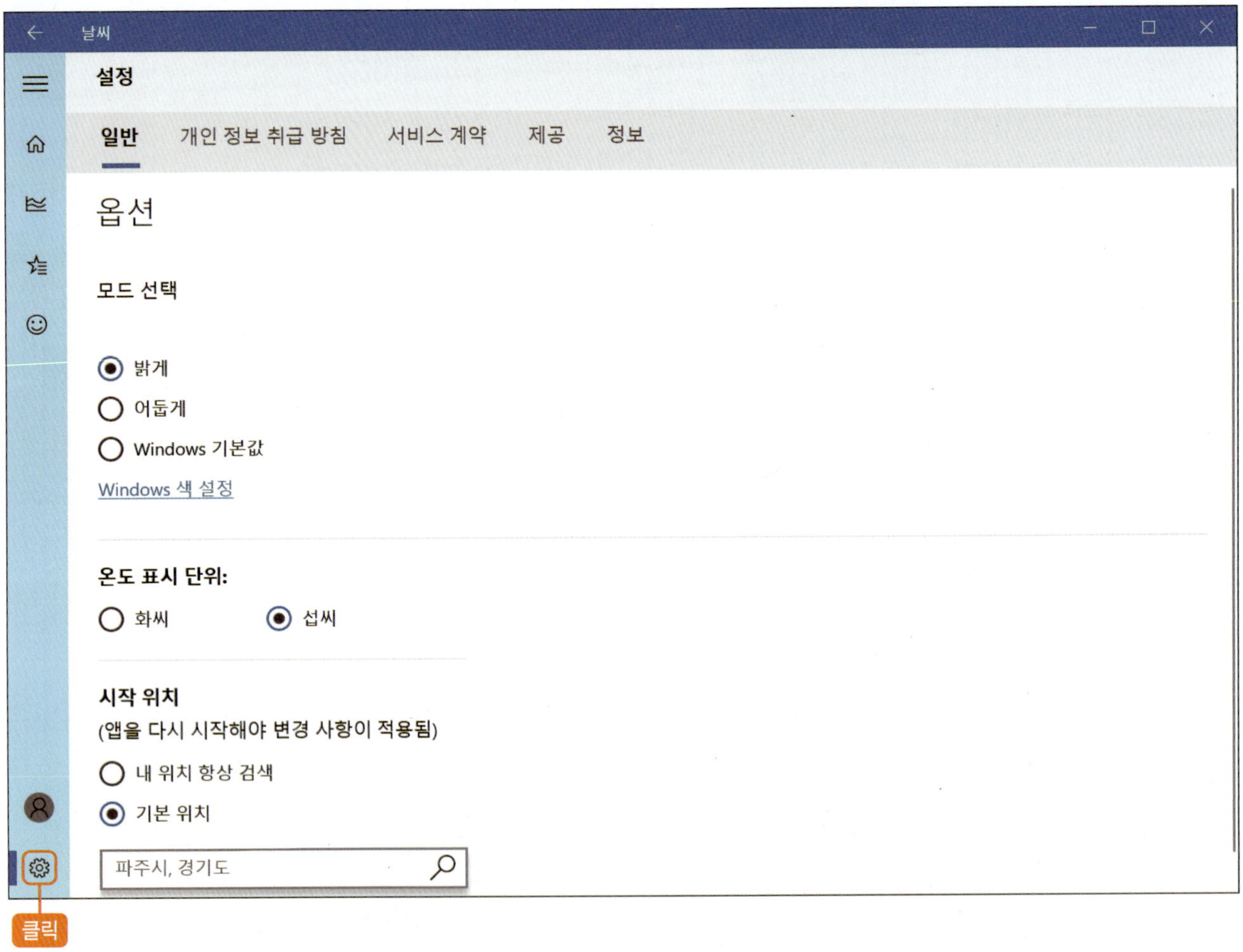

 **[알람 및 시계] 앱을 이용하여 약속 시간을 알람으로 설정해 봅니다.**

알람 및 시계 앱은 윈도우에서 무료로 제공하는 앱입니다. 원하는 알람을 지정해서 알람이 울리도록 설정할 수 있습니다.

01 [시작] 단추(⊞)를 클릭한 후 [알람 및 시계] 앱을 클릭합니다.

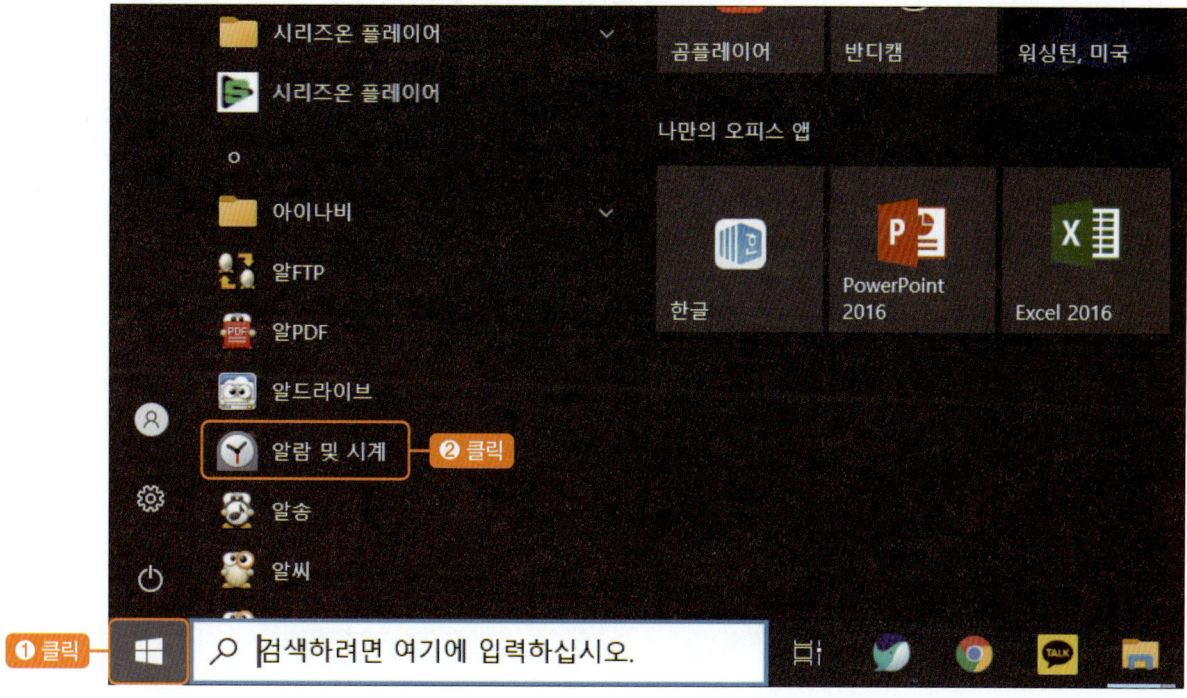

02 [알람 및 시계] 앱이 실행되면 약속 시간에 맞추어 알람을 지정하기 위하여 [알람(⏰ 알람)]을 클릭한 후 [새 알람 추가(+ 알람 추가)]를 클릭합니다.

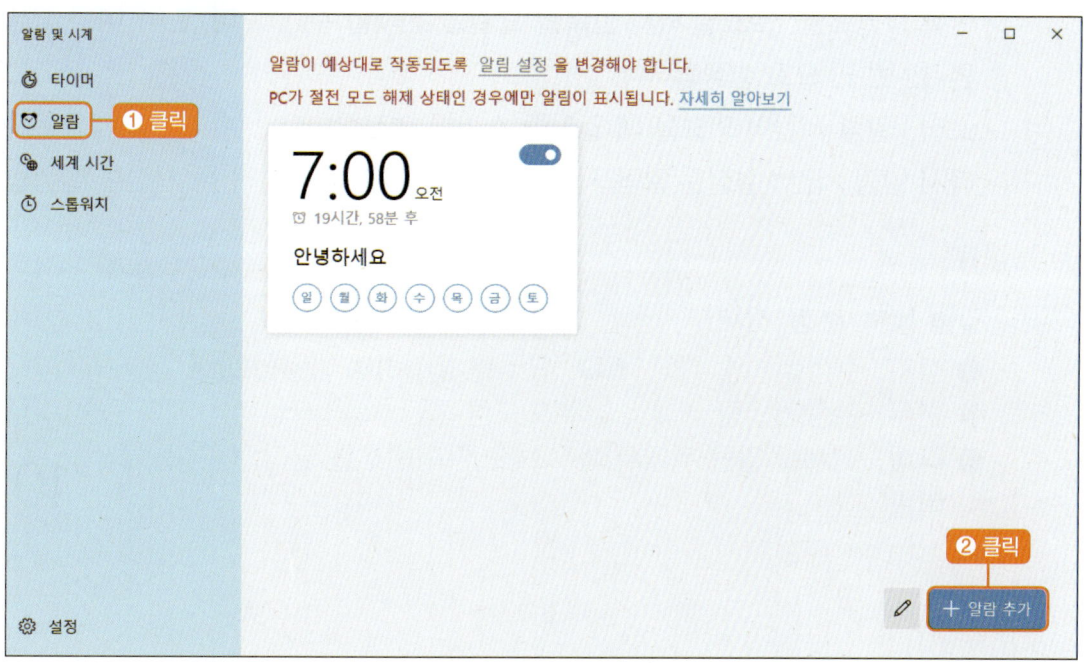

TIP

절전 모드 해제

'알람 및 타이머'는 앱을 종료하거나 PC가 잠긴 경우에도 작동을 하지만 PC가 '절전 모드'로 바뀌면 알람 기능을 사용할 수 없습니다. [설정(⚙)] → [시스템] → [전원 및 절전]에서 '절전 모드' 기능을 '안함'으로 해제할 수 있습니다.

03 [새 알람]으로 화면이 전환되면 약속 시간에 맞추어 알람을 설정한 후 [저장(💾 저장)]을 클릭합니다.

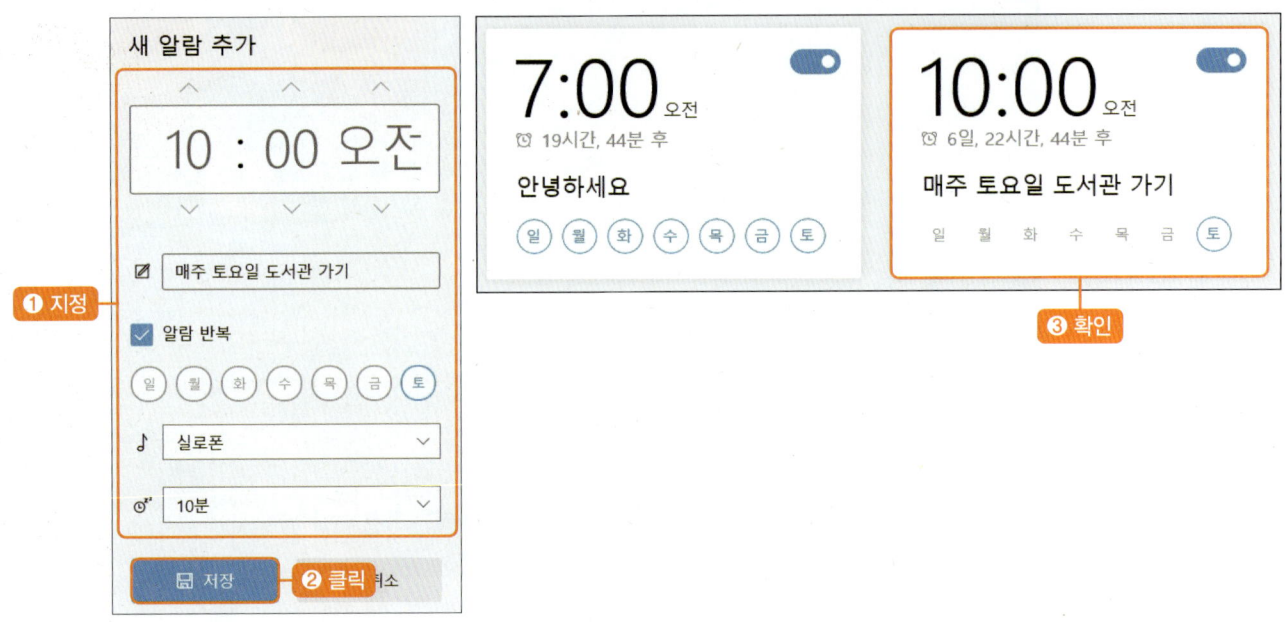

- 시간 설정 부분에서 오전 및 오후를 지정한 후 알람 시간(시:분)을 설정합니다. '시간' 또는 '분'을 클릭한 후 마우스 휠을 위/아래로 굴리면 빠르게 시간을 설정할 수 있습니다.
- 알람 이름 : 알람을 구분할 수 있는 이름을 입력합니다.
- 반복 : '일요일~토요일'까지 반복할 요일을 선택할 수 있으며, 만약 아무 요일도 선택하지 않으면 '한 번 만'으로 설정됩니다.
- 소리 : 알람 시간이 되었을 때 알려줄 소리를 설정합니다.
- 다시 알림 시간 : 설정된 알람 시간 이후에 다시 알림을 알려 줄 시간을 설정합니다.

TIP

알람 정지, 수정, 삭제

❶ **정지** : 수정할 알람 위에 '🔵' 단추를 클릭하여 비활성화(⚫) 시킵니다.
❷ **편집** : 수정할 알람 위에서 마우스 오른쪽 단추를 눌러 시간, 제목 등을 수정할 수 있습니다.
❸ **삭제** : 삭제할 알람 위에서 마우스 오른쪽 단추를 눌러 [삭제]를 클릭합니다.

03 [알람 및 시계] 앱으로 세계 시간 확인 및 [지도] 앱으로 위치 확인

지도 앱은 윈도우에서 무료로 제공하는 앱입니다. 지도 앱으로 여러 나라를 쉽게 확인하고 여행을 떠날 수 있습니다.

01 [시작] 단추(⊞)를 클릭한 후 [알람 및 시계] 앱을 클릭합니다. 이어서, [알람 및 시계] 앱에서 [세계 시간(🌐 세계 시간)]을 클릭한 후 [새 도시 추가(＋ 새 도시 추가)]를 클릭합니다.

02 '위치 입력 칸'이 나오면 뉴욕을 입력한 후 〈뉴욕, NY, 미국〉을 선택하거나 Enter 키를 눌러 뉴욕의 시간을 확인합니다.

※ 삭제 방법은 [알람] 삭제 방법과 동일합니다.

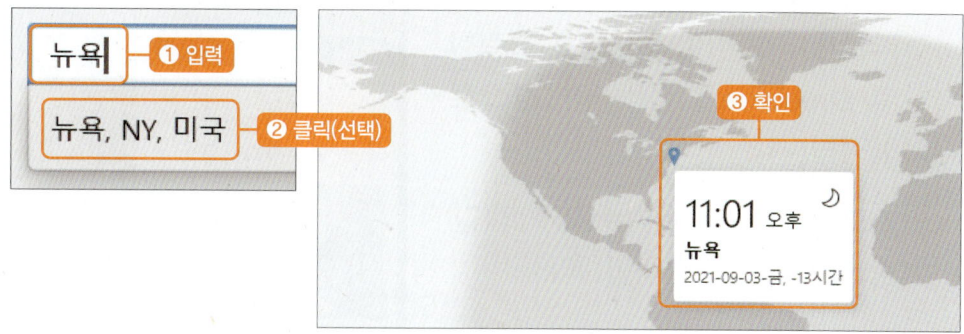

03 [시작] 단추(⊞)를 클릭한 후 [지도] 앱을 클릭합니다. [지도] 앱이 실행되면 '검색' 칸에 뉴욕을 입력한 후 Enter 키를 누릅니다. 뉴욕이 검색되면 왼쪽 정보 창에서 3D로 보기를 클릭한 후 뉴욕의 지도를 확인합니다.

- 확대 축소 : 마우스 휠을 위/아래로 굴립니다.
- 이동 : 마우스 왼쪽 단추를 누른 채 드래그합니다.
- 회전 : 마우스 오른쪽 단추를 누른 채 드래그합니다.
  ※ 뉴욕 정보 창의 [최소화(minimize)] 단추(－) 클릭하면 전체 화면으로 확인할 수 있습니다.

04 마우스 오른쪽 단추를 누른 채 위쪽으로 드래그하여 위에서 아래쪽을 내려다보도록 각도로 변경한 후 마우스 휠을 위/아래로 굴려서 적당한 크기로 화면을 확대합니다.

05 뉴욕의 시내 길을 확인하기 위하여 [위성] 아이콘(위성)을 클릭한 후 Streetside를 선택하여 '켬'으로 설정합니다.

06 지도에서 보고 싶은 뉴욕의 거리(길) 중 파란색 길을 클릭합니다.

07 '스트리트사이드'가 실행되면 마우스로 길을 클릭하여 보고 싶은 뉴욕의 거리를 확인합니다.

78 • 날씨 앱으로 날씨정보 확인하기

활용마당

1 각 나라의 수도를 입력하여 [날씨] 정보를 확인해 봅니다.

❶ 아시아 : 도쿄(일본), 자카르타(인도네시아), 베이징(중국), 뉴델리(인도)
❷ 유럽 : 아테네(그리스), 베를린(독일), 로마(이탈리아), 파리(프랑스)
❸ 북미 및 중남미 : 워싱턴DC(미국), 오타와(캐나다), 킹스턴(자메이카), 아바나(쿠바)

2 위 ❶에서 확인한 각 나라의 수도에서 오늘 일출 시간을 모두 적어보세요.

❶ 아시아 : 도쿄(일본), 자카르타(인도네시아), 베이징(중국), 뉴델리(인도)
❷ 유럽 : 아테네(그리스), 베를린(독일), 로마(이탈리아), 파리(프랑스)
❸ 북미 및 중남미 : 워싱턴DC(미국), 오타와(캐나다), 킹스턴(자메이카), 아바나(쿠바)

수도(나라)	도쿄(일본)	마닐라(필리핀)	베이징(중국)	뉴델리(인도)
일출시간				
수도(나라)	아테네(그리스)	베를린(독일)	로마(이탈리아)	파리(프랑스)
일출시간				
수도(나라)	워싱턴DC(미국)	오타와(캐나다)	킹스턴(자메이카)	아바나(쿠바)
일출시간				

윈도우 10+인터넷

활용마당

3 [지도] 앱에서 제공하는 여러 가지 3D 도시를 확인해 봅니다.

❶ 3D 도시 검색 : 마르세유, 나폴리, 마드리드, 취리히, 나이아가라폴스

※ 마르세유는 프랑스, 나폴리는 이탈리아, 마드리드는 스페인, 취리히는 스위스, 나이아가라폴스는 미국에 위치한 관광 명소입니다.

4 [알람 및 시계] 앱을 이용하여 타이머를 5분으로 설정해 보세요.

❶ [알람 및 시계] 앱에서 [타이머(타이머)]를 클릭합니다. [새 타이머 추가]를 클릭하여 '타이머 시간 (5분)'과 '타이머 이름'을 설정한 후 [저장(저장)] 단추를 클릭합니다.

❷ 설정한 타이머가 나오면 '시작(▶)'을 클릭합니다.

❸ 확장 단추(↗)를 클릭하면 큰 화면으로 볼 수 있습니다.

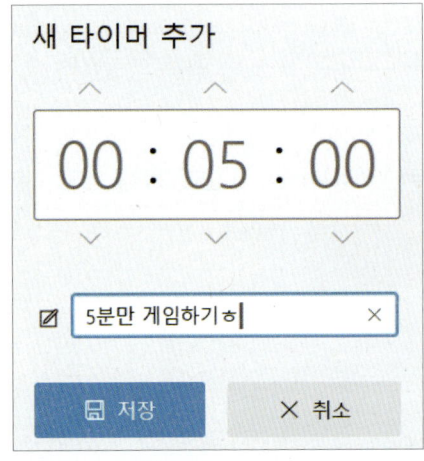

MEMO

08 CHAPTER 간단한 동영상 만들기와 게임 다운로드

● **예제파일** : ALSee916, 곰, 악어, 얼룩말, 캥거루, 코뿔소, 사운드1   ● **완성파일** : 디지털 동물원

✸ 이번 장에서는

[알씨] 앱을 설치해 간편만들기로 '동물원' 동영상을 만들고 편집해 봅니다.

▲ 알씨 동영상 만들기

82 • 간단한 동영상 만들기와 게임 다운로드

01 [알씨] 앱을 설치해 봅니다.

알씨 앱(프로그램)은 사진이나 그림 등을 관리하고 간단한 편집 및 영상을 만들 수 있습니다. 윈도우에서 제공하는 기본적인 앱이 아니므로 인터넷에서 다운로드하여 설치해야 합니다.

01 작업 표시줄에서 [파일 탐색기(📁)]를 클릭합니다. [파일 탐색기]가 실행되면 [예제파일]-[CHAPTER 08]-[알씨] 폴더에 있는 ALSee916을 더블 클릭합니다.(최신 버전을 다운 받아 설치해도 됩니다)

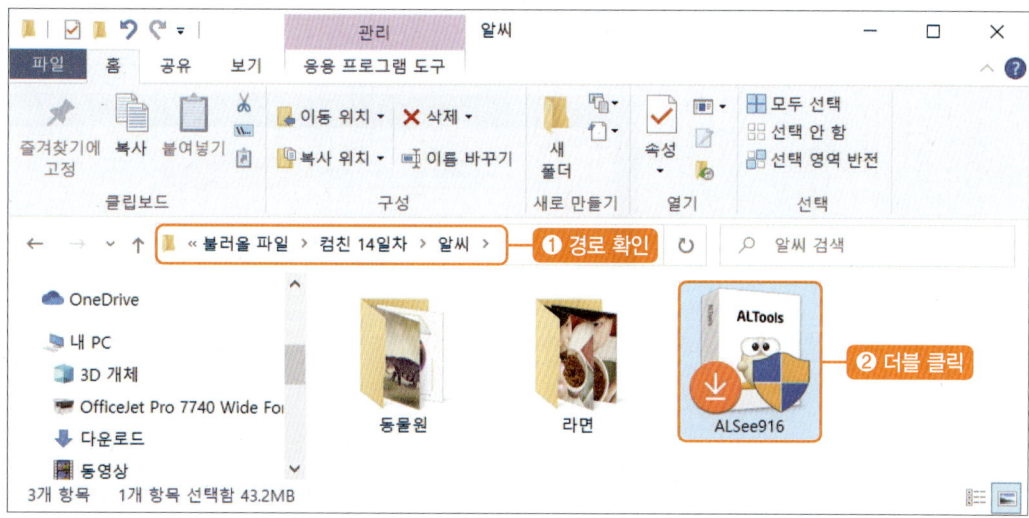

02 [알씨 설치] 창이 나오면 아래 그림을 참고하여 설치를 시작합니다.

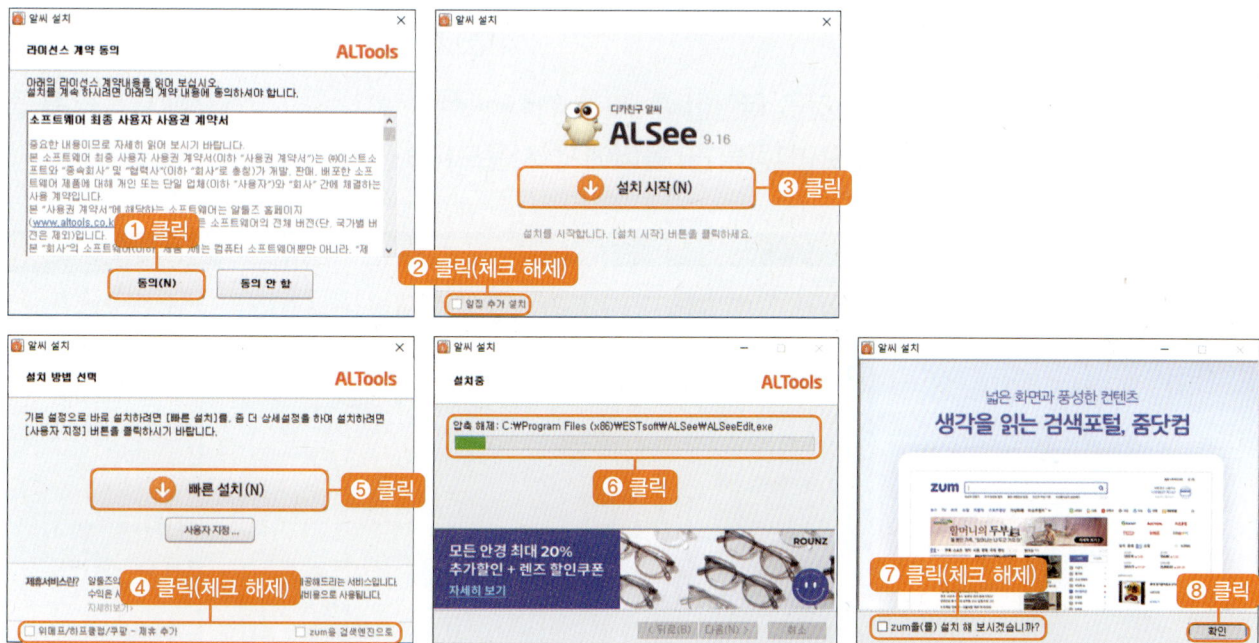

※ 설치 화면에서 '스윙브라우저 추가 설치 체크 해제', '알툴바 추가 설치 체크 해제'
※ 설치 화면에서 '쇼핑줌-제휴 서비스 추가 체크 해제', 'zum을 홈페이지로 체크 해제', '알캡처을(를) 설치 해 보시겠 습니까? 체크 해제'

윈도우 10+인터넷 • **83**

02 간편만들기로 '동물원' 동영상을 만들어 봅니다.

알씨 앱(프로그램)은 기본적인 사진이나 그림 등을 관리하는 것 외에도 그림에 문자나 배경음악을 추가해서 멋있는 동영상을 만들 수 있습니다.

01 [시작] 단추(⊞)를 클릭하여 [알씨 동영상 만들기 앱(알씨 동영상 만들기)]을 클릭하여 실행합니다.

02 [알씨 동영상 만들기] 앱이 실행되면 [사진추가]를 클릭합니다. [파일 열기] 창이 나오면 [예제파일]–[CHAPTER 08]–[알씨]–[동물원] 폴더에 있는 모든 파일을 선택한 후 〈열기〉를 클릭합니다.
※ 동물원 폴더에서 Ctrl + A 키를 누르면 한 번에 모든 파일을 선택할 수 있습니다.

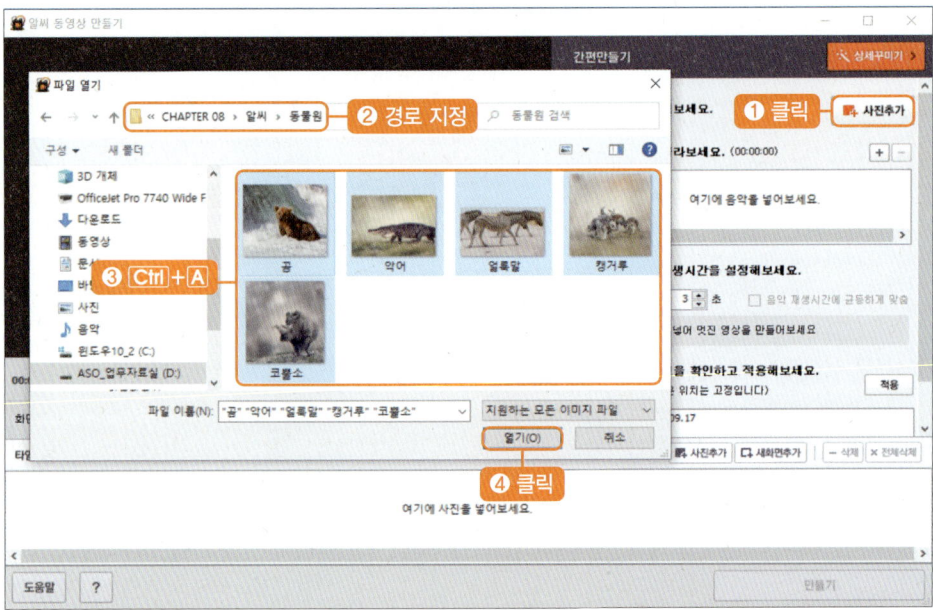

03 사진이 추가 및 모두 선택된 것을 확인한 후 2 배경음악을 골라보세요. (00:00:00) + - 에서 ' + '를 클릭합니다. 이어서, [열기] 창이 나오면 [동물원] 폴더에서 '사운드1'을 선택한 후 〈열기〉를 클릭합니다.

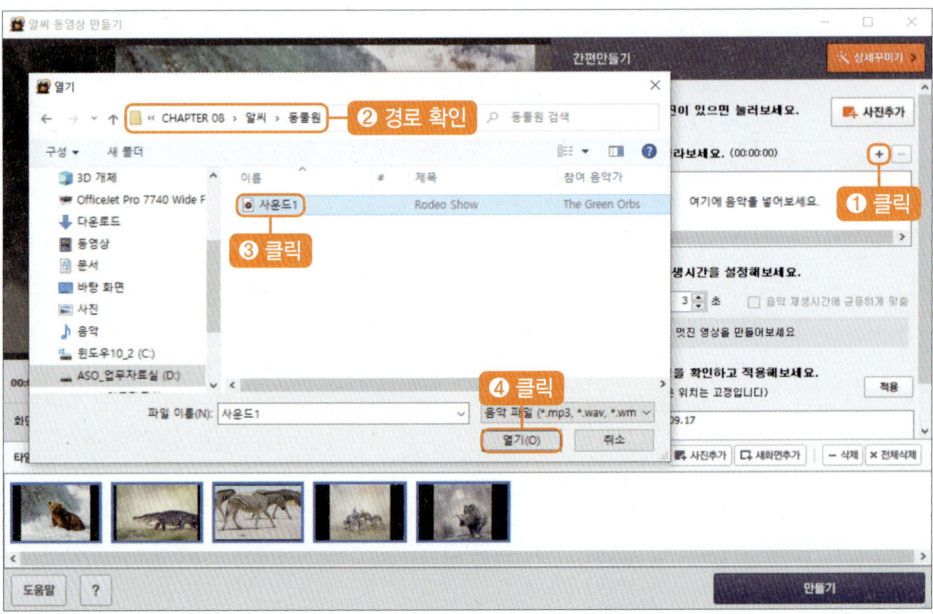

84 · 간단한 동영상 만들기와 게임 다운로드

04 사운드가 추가되면 ③ 사진 1장당 재생시간을 설정해보세요. 에서 5초로, ④ 오프닝과 엔딩을 확인하고 적용해보세요. 를 아래 그림과 같이 입력한 후 〈적용〉을 클릭합니다.
- 오프닝 : 디지털 동물원에 오신 것을 환영합니다. / 엔딩 : 만든이 : 홍길동(본인 이름)

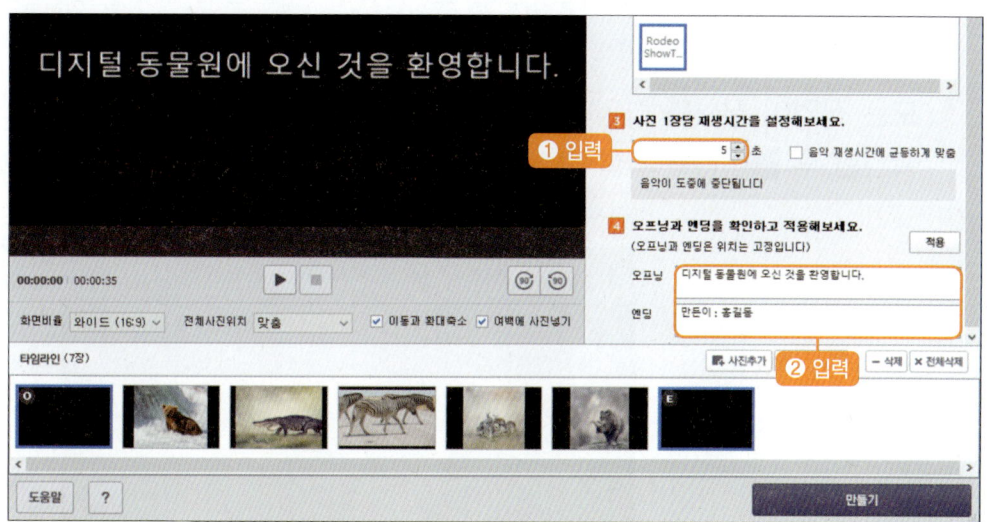

05 재생 버튼(▶)을 눌러 동물원 동영상을 확인합니다.(확인용으로 아직은 동영상 소리는 나지 않습니다.)

03 상세꾸미기로 '동물원' 동영상을 편집해 봅니다.

01 기본 동영상이 완성되면 위 오른쪽의 상세꾸미기 를 클릭합니다. '곰' 사진을 선택한 후 자막 입력 칸에 '멍때리는 곰~'을 입력한 다음, 맑은 고딕, 36, 글자색(흰색), 위치(가운데 아래쪽), 효과(클래식)를 지정합니다. 이어서 악어 사진을 클릭합니다.

윈도우 10+인터넷 • **85**

02 악어 사진을 선택한 후 '무서운 악어!!!'로 내용을 입력한 후 나머지 '얼룩말, 캥거루, 코뿔소' 사진에 여러분이 원하는 내용을 입력합니다.

03 자막 입력이 끝나면 [디자인] 탭을 클릭하여 액자 항목에서 ▼▼▼를 선택한 후 〈전체적용〉을 클릭합니다.

04 모든 작업이 끝나면 타임라인에서 첫 번째 '오프닝'을 선택하고 재생 버튼(▶)을 눌러 동영상을 확인한 후 만들기 를 클릭합니다.

05 [만들기] 창이 나오면 이름을 '디지털 동물원'으로 입력한 후 위치를 '바탕화면'으로 변경하고 만들기 를 클릭합니다.
※ 용도가 'PC & TV용' 인지 확인합니다.

06 〈닫기〉 단추를 누른 후 바탕화면에 '디지털 동물원.mp4' 파일을 더블 클릭하여 완성된 동영상을 확인합니다.
※ 배경음악이 있기 때문에 스피커를 연결하여 동영상을 확인합니다.

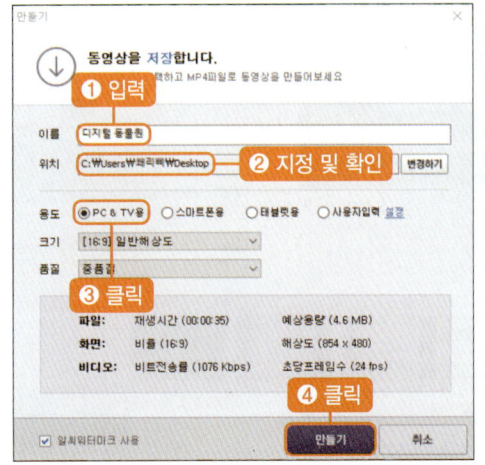

04. Microsoft Store 앱을 실행하여 게임 다운로드 및 설치하기

윈도우를 개발한 마이크로소프트 회사에서 제공하는 [Microsoft Store]에서 게임 등 다양한 앱을 설치할 수 있습니다.

01 [시작] 단추()를 클릭하여 'Microsoft Store'를 클릭합니다.

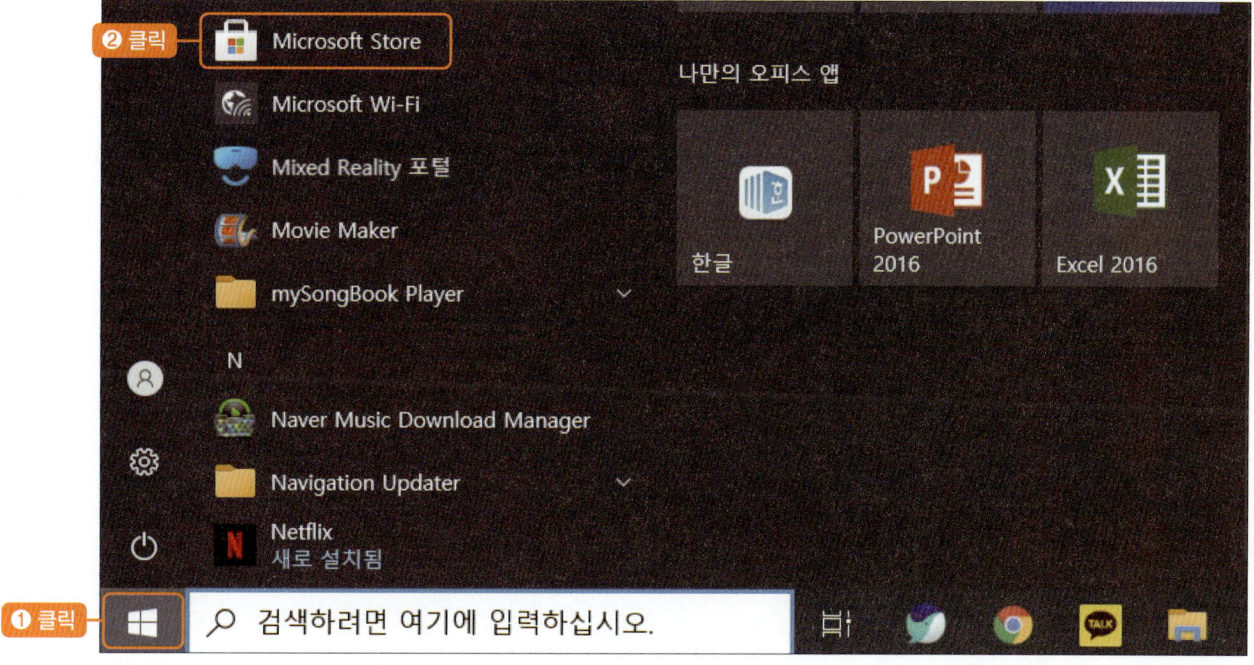

02 [Microsoft Store] 창이 나타나면 메뉴에서 '게임'을 클릭합니다.

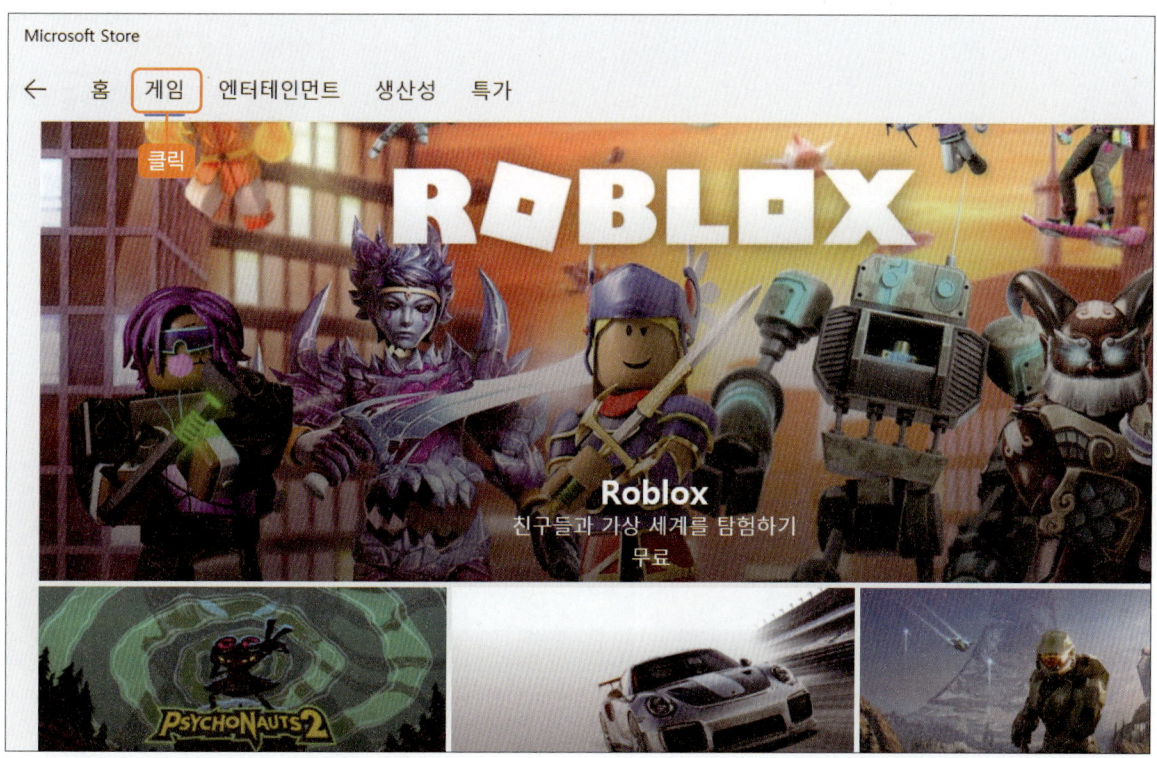

03 [게임] 항목이 나타나면 〈무료 인기 게임〉으로 이동한 후 〈모두 표시〉를 클릭합니다.

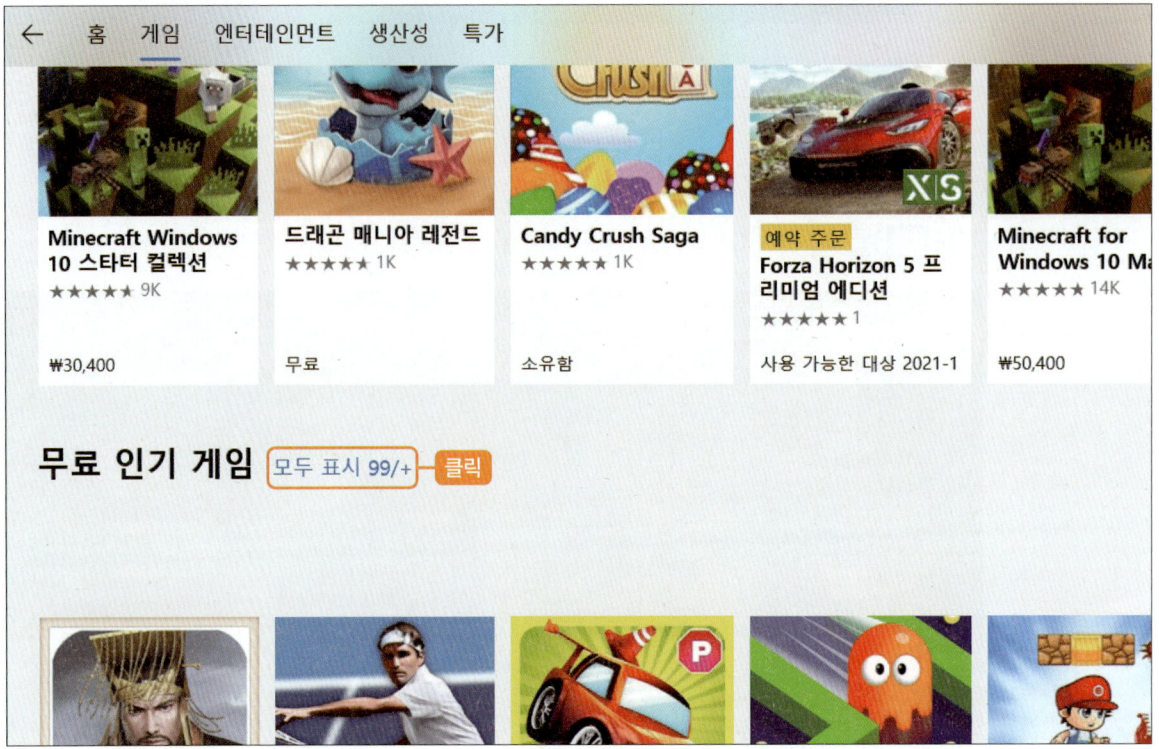

TIP

'Microsoft Store' 게임은 무료와 유료 게임으로 구분되어 있습니다.

04 검색(🔍 검색)을 클릭하여 검색칸에 '벽돌'을 입력한 후 〈블록 퍼즐 테트리스-클래식 벽돌〉을 클릭합니다.

88 • 간단한 동영상 만들기와 게임 다운로드

05 해당 게임 화면으로 바뀌면 받기 또는 설치 단추를 클릭합니다.

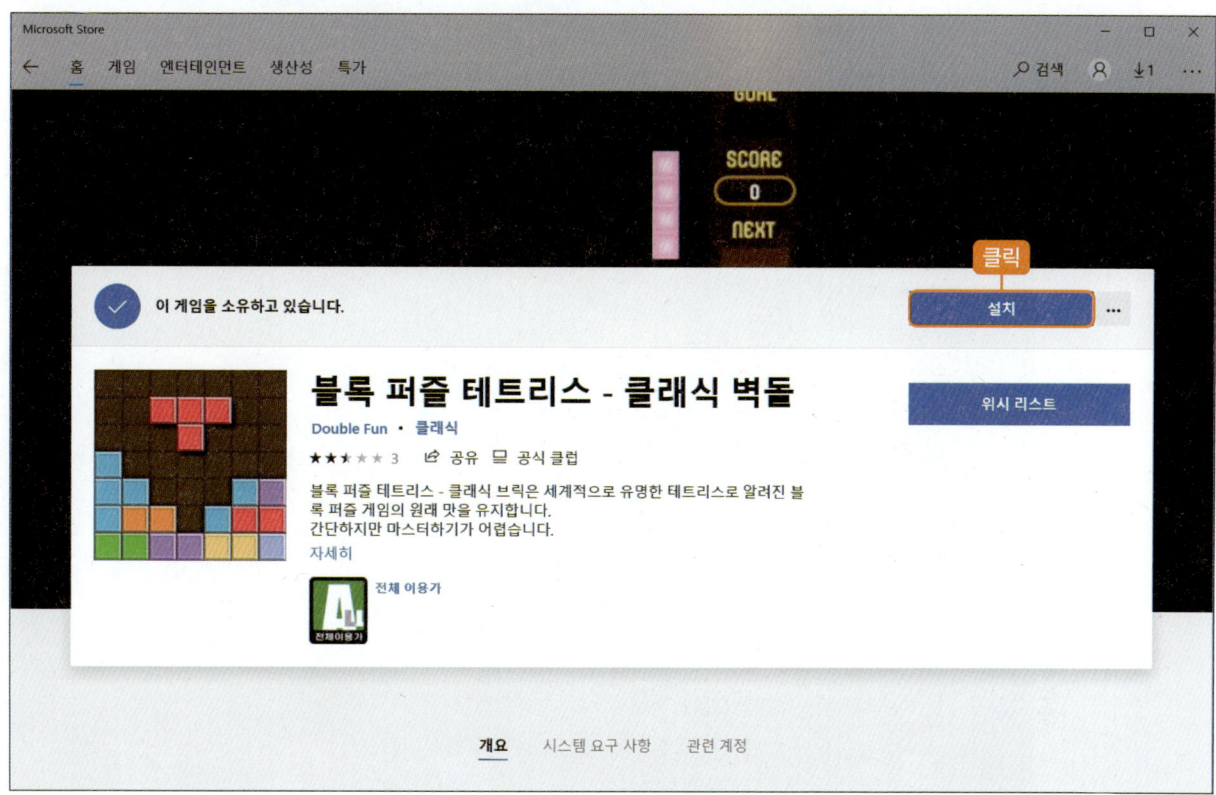

06 게임이 자동으로 다운로드 되면서 설치를 시작합니다.

07 닫기( ) 단추를 클릭하여 [Microsoft Store] 창을 닫습니다.

05 게임을 실행합니다.

설치한 게임을 실행해서 간단히 게임을 해보도록 합니다.

01 [시작] 단추(⊞)를 클릭하여 조금전 설치한 [Classic Block Puzzle]를 클릭합니다.

02 게임이 실행되면 재미있게 플레이 해봅니다.

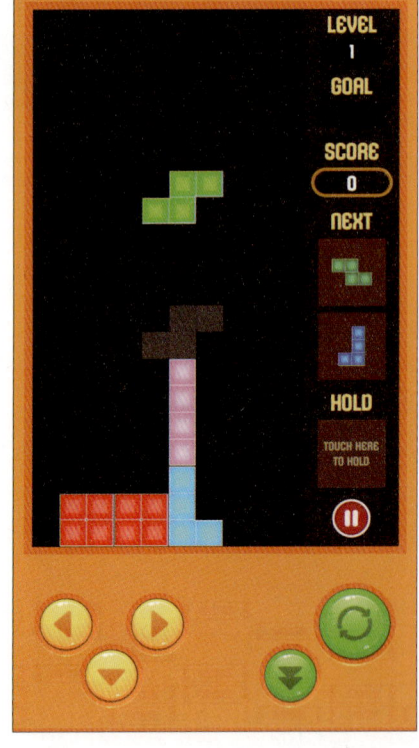

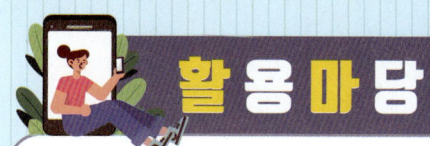

활용마당

1 [알씨 동영상 만들기] 앱의 간편만들기로 오프닝과 엔딩 동영상을 만들어 봅니다.

◉ **예제파일** : 라면1~라면5, 사운드2　◉ **완성파일** : 서지니 먹방_1

❶ 사진추가 및 배경음악 : [예제파일]-[CHAPTER 08]-[알씨]-[라면] 폴더
❷ 배경음악 : 사운드2, 재생시간 : 3초, '오프닝'과 '엔딩' : 여러분이 원하는 내용으로 만듦

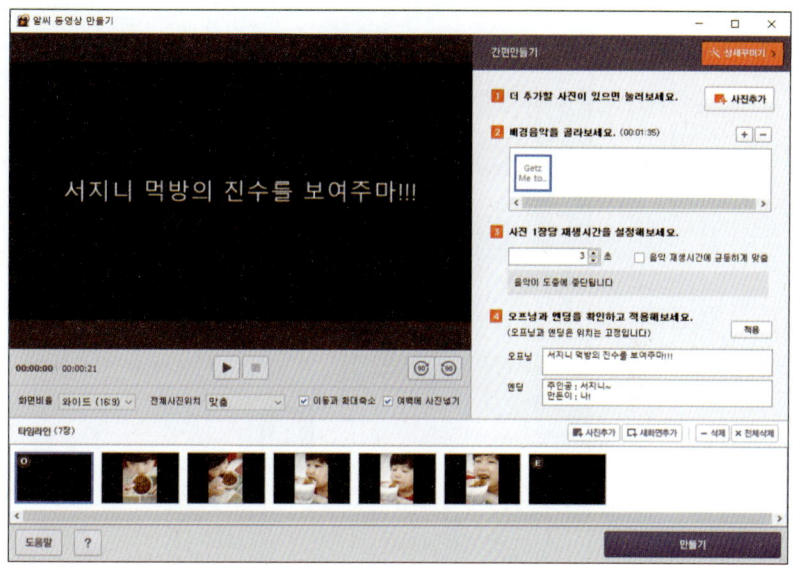

2 [알씨 동영상 만들기] 앱의 상세꾸미기로 '먹방' 동영상의 마무리 편집을 해봅니다.

◉ **예제파일** : 없음　◉ **완성파일** : 서지니 먹방_2

❶ 자막 : 자장 라면을 먹고 있는 사진에 원하는 자막 넣기
❷ 디자인 : 액자에서 원하는 액자를 선택한 후 〈전체적용〉 클릭
❸ 만들기 : 바탕화면에 동영상 파일을 저장한 후 완성된 동영상 확인

활용마당

3 'Microsoft Store'의 무료 게임을 검색한 후 'Super Cario Legend' 게임을 설치하여 플레이해 봅니다.

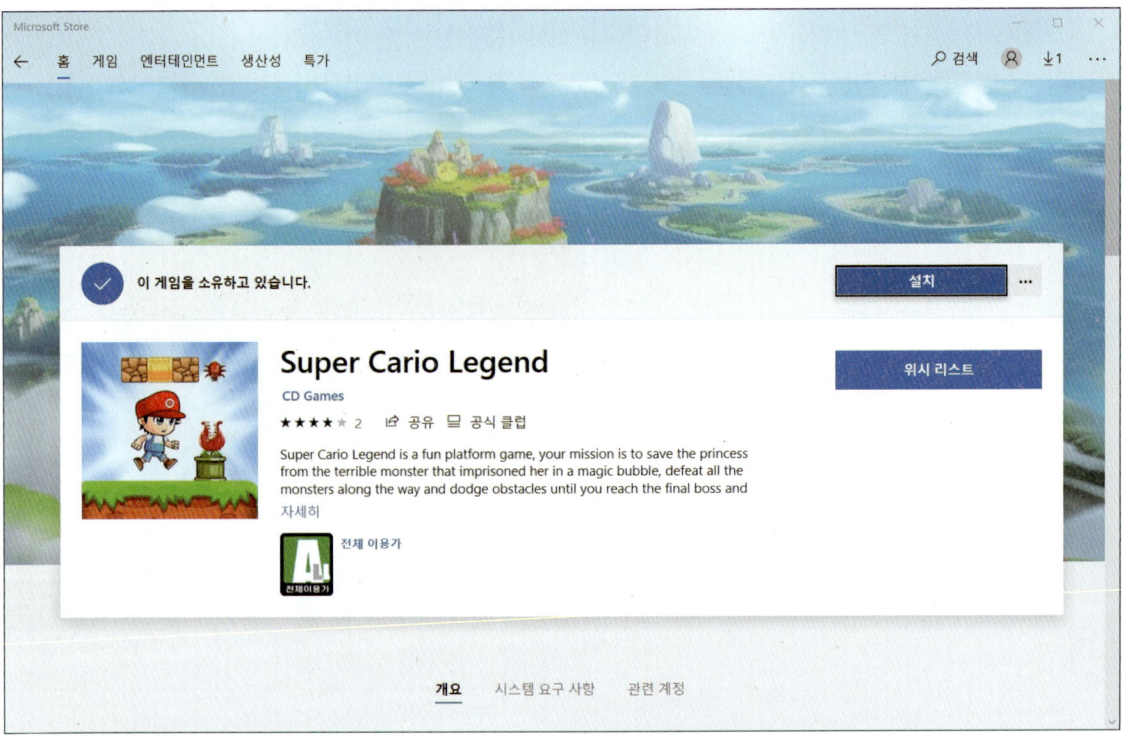

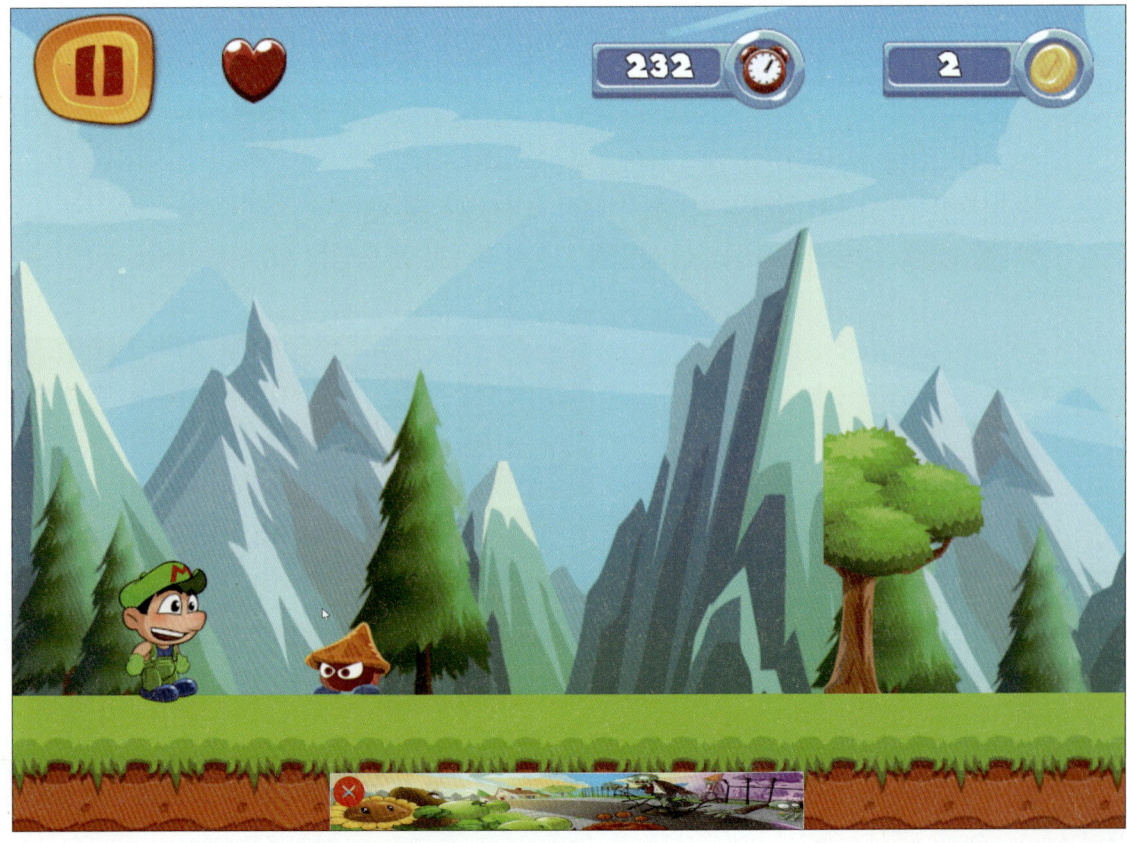

92 • 간단한 동영상 만들기와 게임 다운로드

MEMO

CHAPTER 09 [엣지]와 [네이버 웨일] 웹브라우저

◎ 예제파일 : 없음   ◎ 완성파일 : 없음

✱ 이번 장에서는

웹 브라우저란 인터넷 검색을 위해 필요한 앱입니다. 이시간에는 웹 브라우저 중 마이크로소프트사의 '엣지'와 네이버의 '웨일'에 대한 화면 구성과 기본 기능을 배워봅니다.

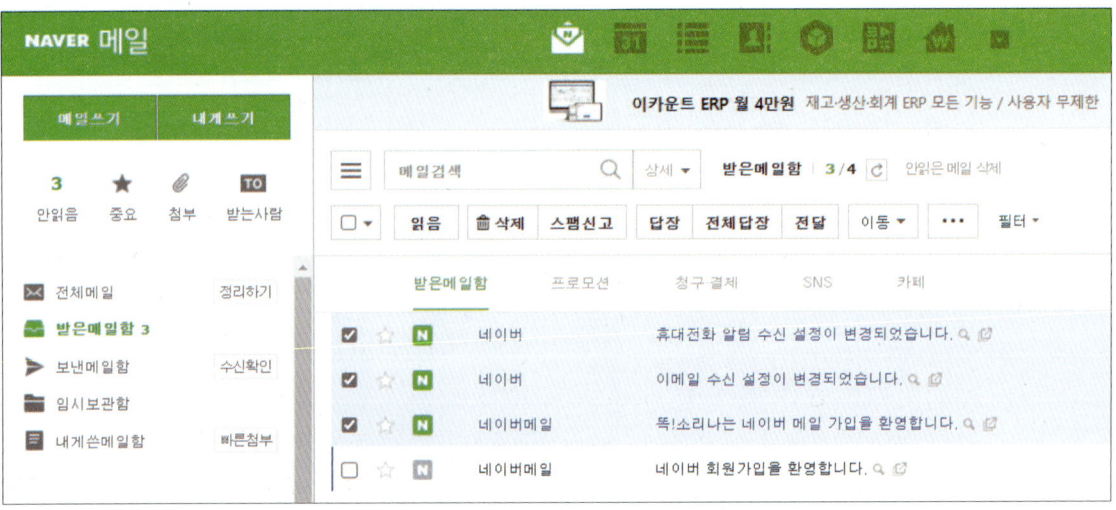

▲ '엣지' 웹 브라우저로 네이버 회원 가입과 메일 주고 받기

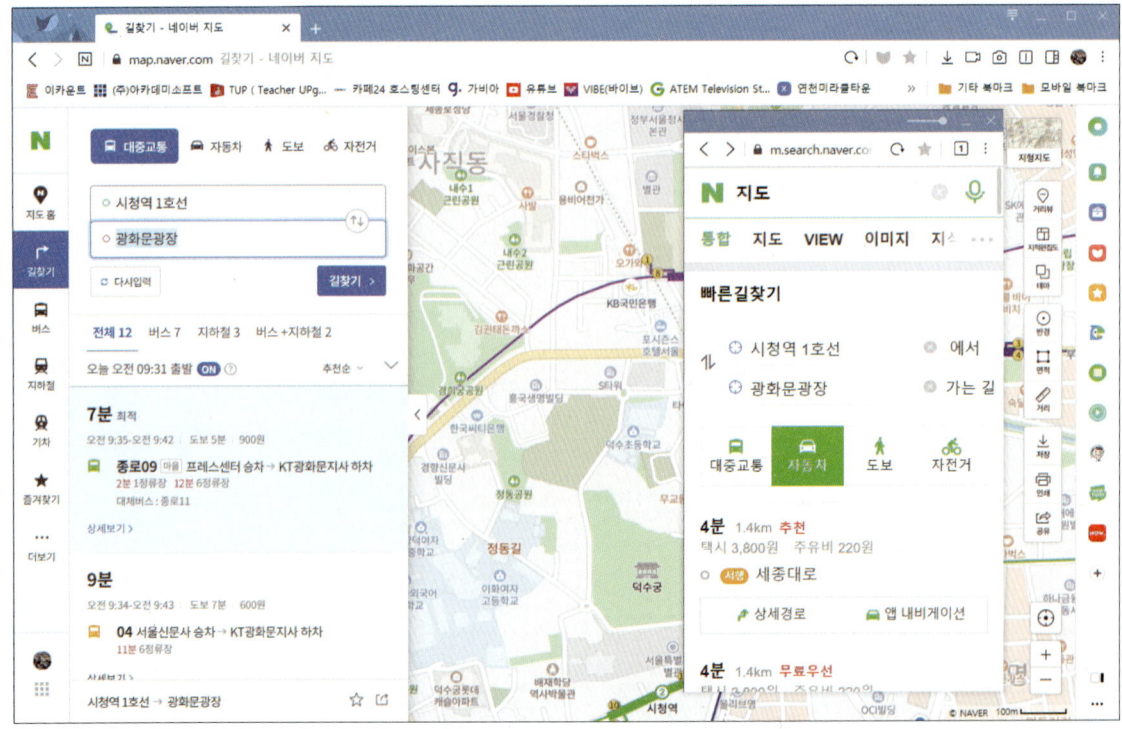

▲ 네이버 '웨일'로 지도 검색하기

01 마이크로소프트 엣지를 실행해 봅니다.

웹 브라우저 중에 '엣지'는 윈도우에 기본적으로 설치된 앱입니다. 이번에는 엣지를 이용하여 네이버에 가입해 메일을 주고 받는 기능을 배워봅니다.

01 [Windows 검색] 칸에 'Edge'를 입력한 후 검색된 [Microsoft Edge]를 클릭합니다.

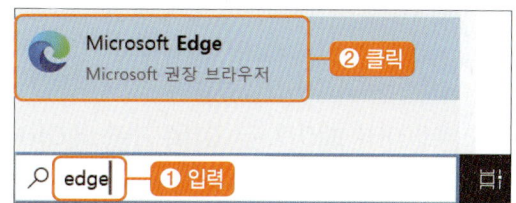

02 마이크로소프트 엣지의 화면 구성을 간단히 알아봅니다.

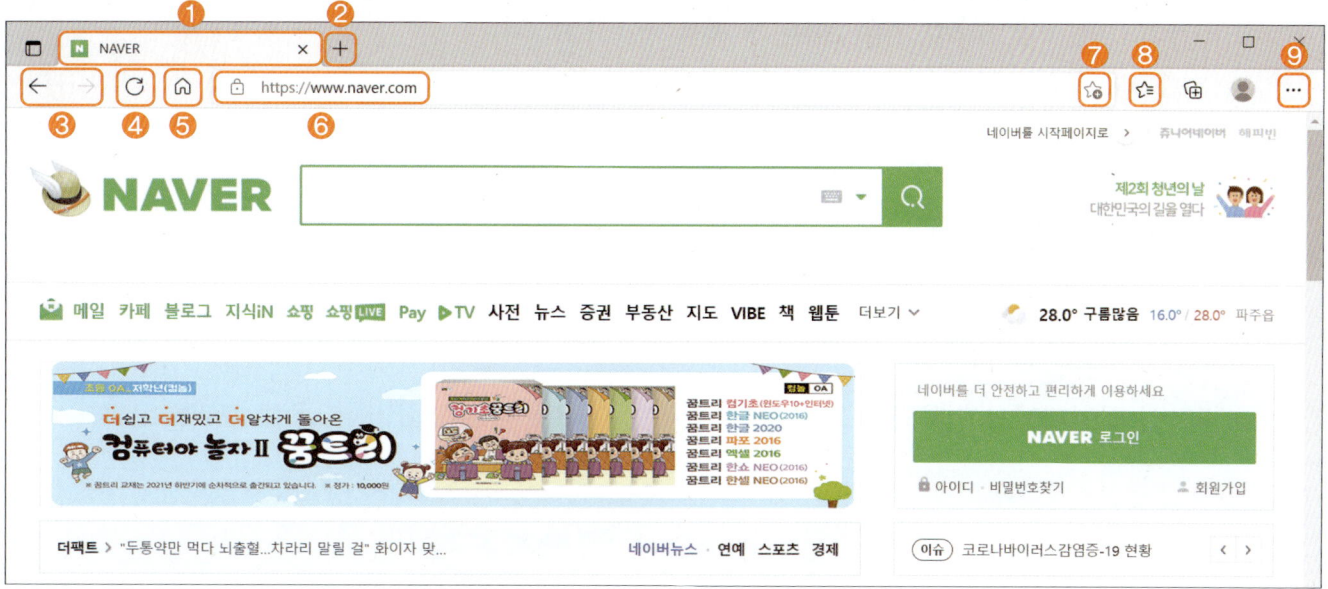

① 현재 탭(NAVER ×) : 인터넷에 접속하여 어떤 사이트에 접속한 상태의 탭
② 새 탭(+) : 새로운 탭을 활성화시켜서 원하는 웹 페이지로 이동할 수 있습니다.
③ 뒤로/앞으로(← →) : 현재 페이지를 기준으로 '이전 페이지(←)'와 '다음 페이지(→)'로 이동합니다.
④ 새로 고침(⟳) : 현재 보고 있는 페이지의 정보를 새로 가져옵니다.
⑤ 홈(⌂) : 설정에서 지정한 시작페이지로 이동합니다.
⑥ 주소 표시줄(https://www.naver.com) : 현재 활성화된 사이트의 주소가 표시되며, 다른 사이트의 주소를 입력한 후 **Enter** 키를 누르면 해당 사이트로 이동할 수 있습니다.
⑦ 즐겨찾기 추가(☆) : 현재 활성화된 사이트를 즐겨찾기에 추가할 수 있습니다. 즐겨찾기에 이미 추가된 사이트는 파란색 별(★)로 편집할 수 있습니다.
⑧ 즐겨찾기 목록 및 추가(☆) : 즐겨찾기에 추가된 목록이나 편집, 추가 등을 할 수 있습니다.
⑨ 설정 및 기타(⋯) : 마이크로소프트 엣지의 세부적인 기능을 설정할 수 있습니다.

03 네이버 회원가입

01 '주소 및 검색 입력 칸'에 www.naver.com을 입력한 후 Enter 키를 누릅니다.

02 네이버 페이지로 이동되면 네이버 오른쪽에 '회원가입'을 클릭합니다.

03 회원가입 페이지에서 이용약관 등의 동의에 체크 표시를 한 후 〈확인〉 단추를 클릭합니다.

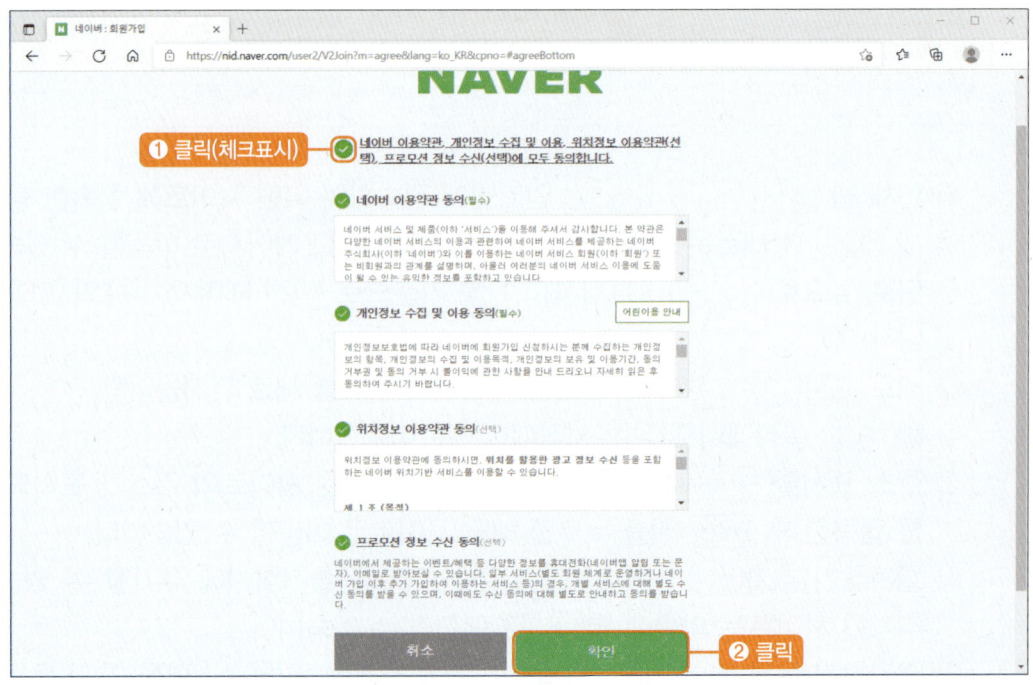

▲ 네이버 이용약관 동의

04 관련 정보를 입력한 후 자신의 휴대폰으로 인증번호 받은 후 인증번호를 입력합니다. 이어서 〈가입하기〉 단추를 클릭한 후 아래 그림을 따라 회원가입을 마무리 합니다.

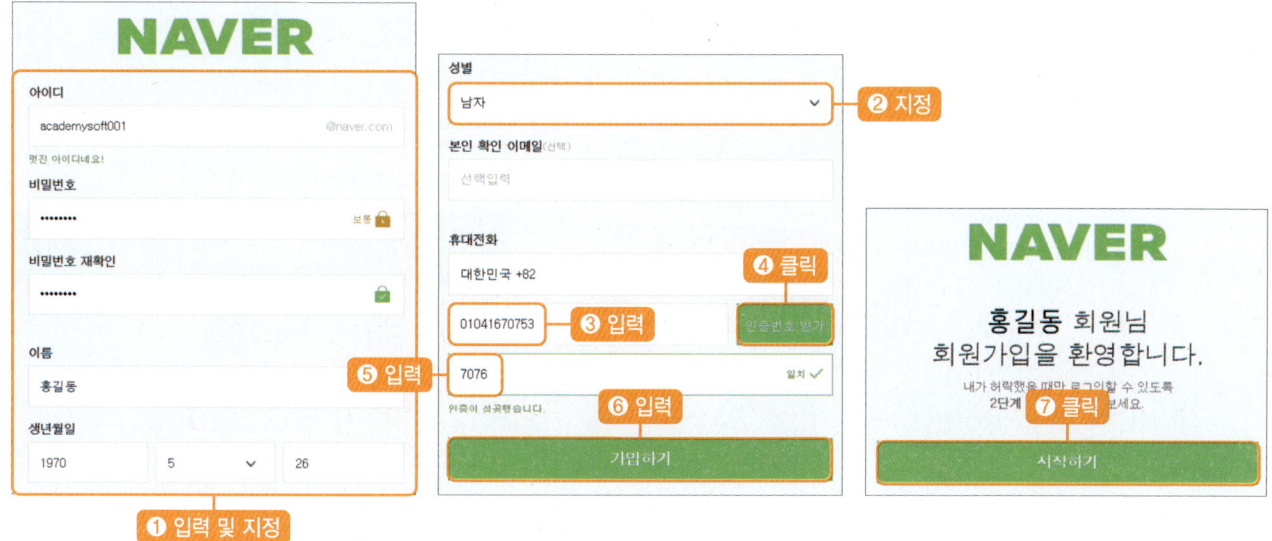

05 아래 그림과 같이 2단계 보안 설정 창이 나오면 NAVER 단추를 눌러 네이버 홈 페이지로 이동합니다.

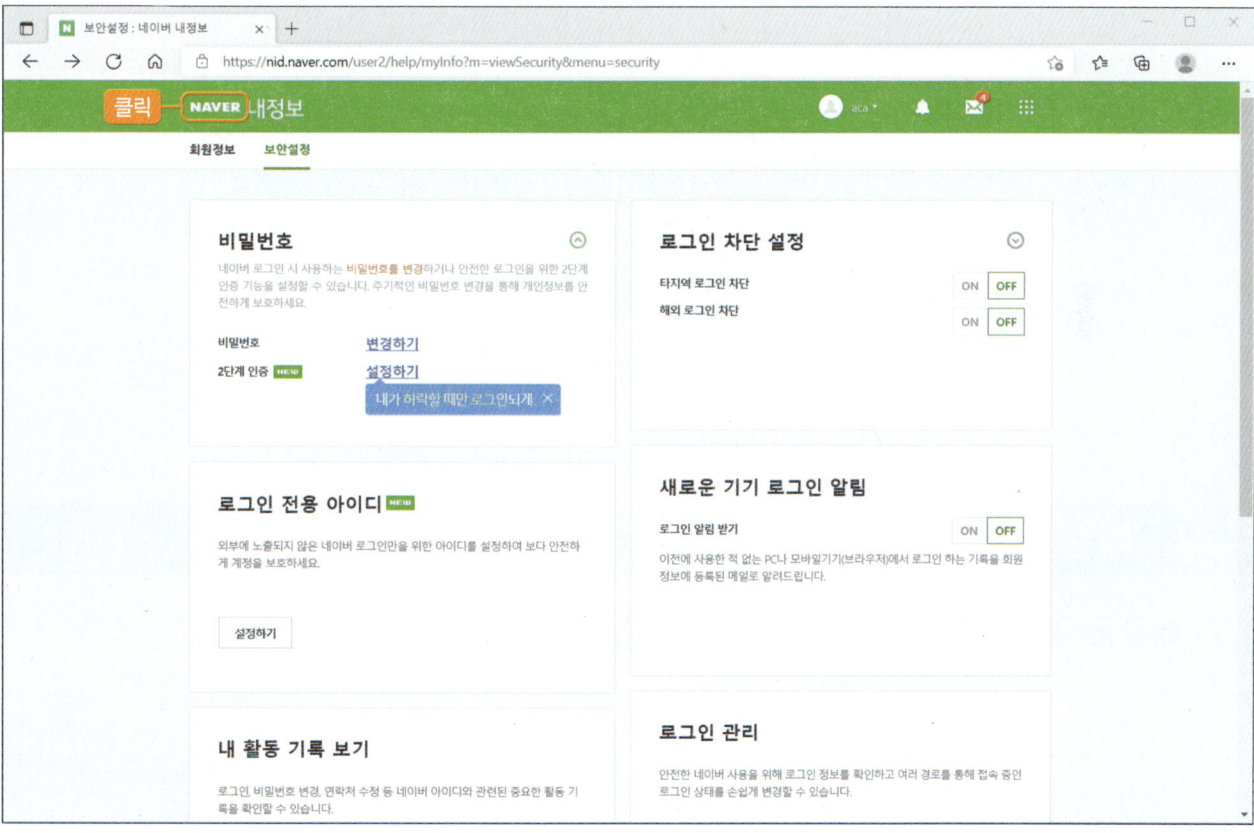

04 로그인 및 로그아웃

01 회원가입 후 자동으로 로그인이 되었습니다. 로그아웃 후 가입한 아이디와 비빌번호로 다시 한번 로그인해 보세요.

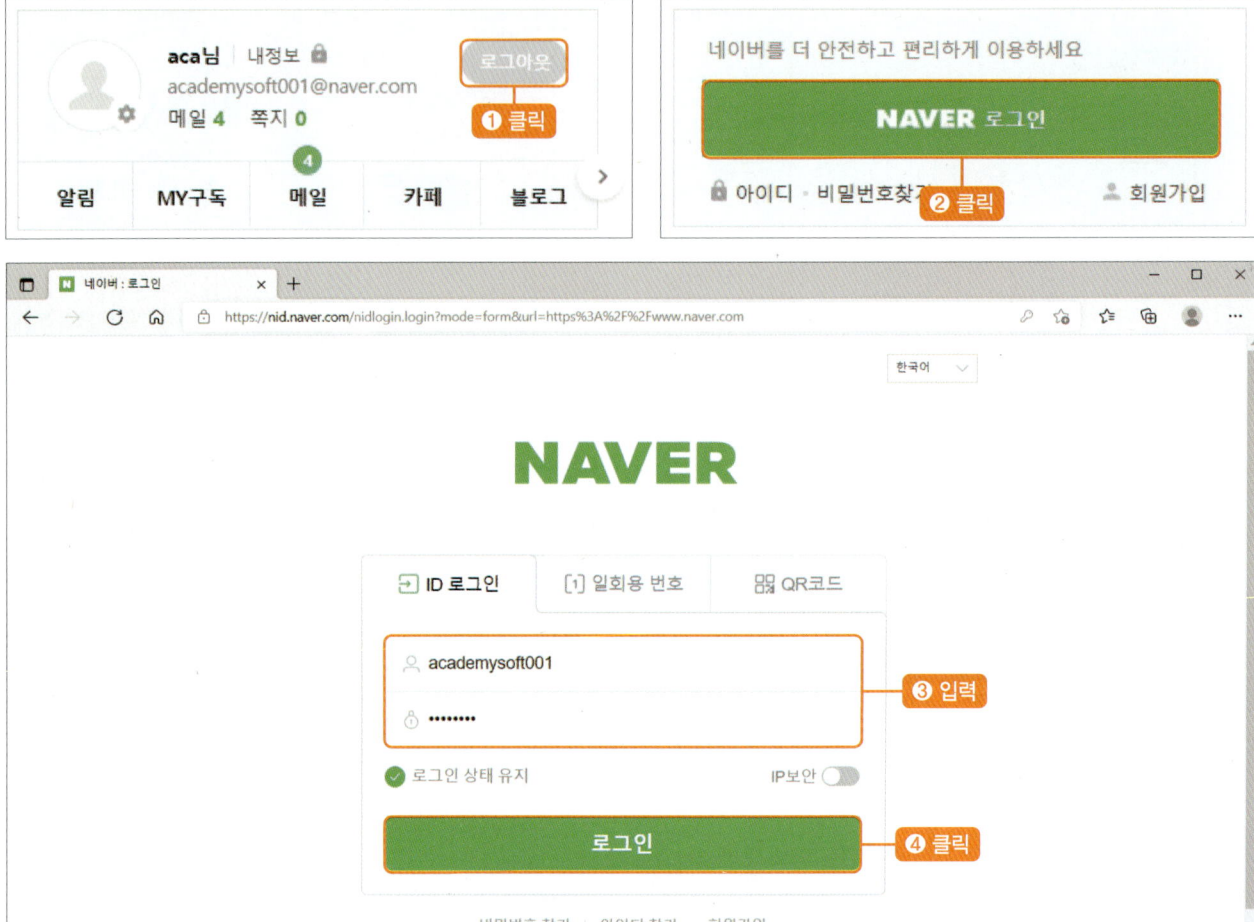

05 메일 확인

01 '메일'을 클릭해서 네이버 메일 페이지로 이동합니다.

02 네이버에서 나에게 보낸 회원가입 축하 메일을 확인할 수 있습니다. 또한 원하는 메일을 클릭하면 자세한 내용을 확인할 수 있습니다.

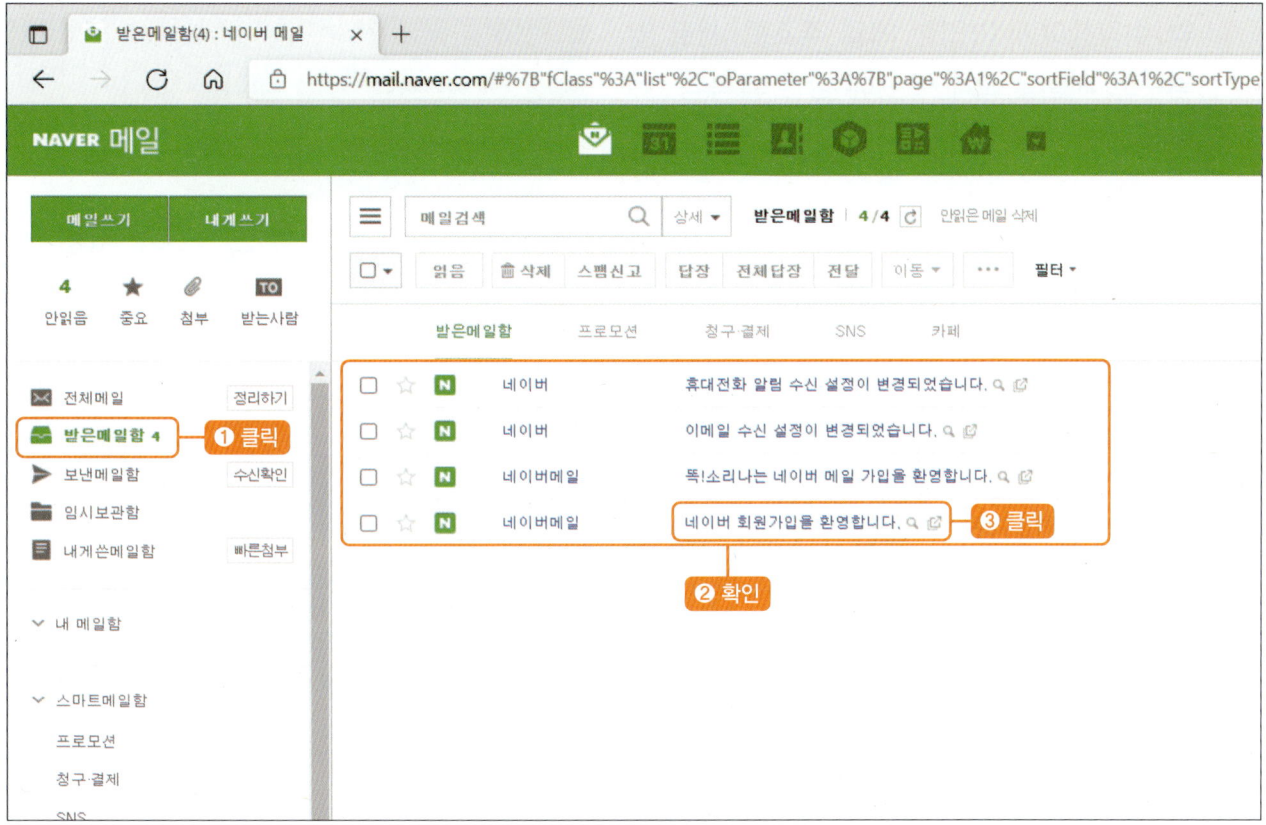

▲ 메일 리스트 확인

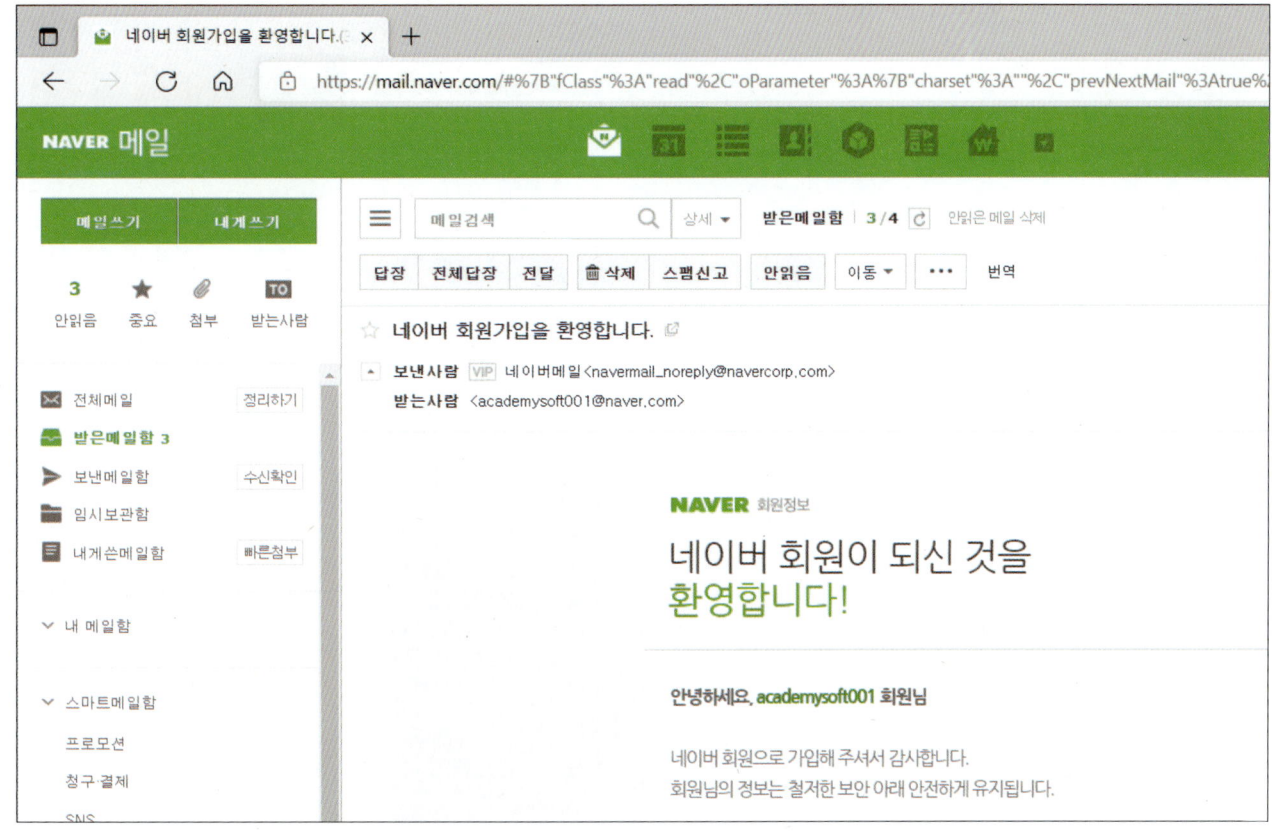

▲ 메일 제목을 클릭하여 메일 내용 확인

06 메일 보내기

01 옆 수강생에게 가입한 메일 주소를 서로 알려주고 메일을 보내기 위해 상단 좌측의 〈메일쓰기〉 단추를 클릭합니다.

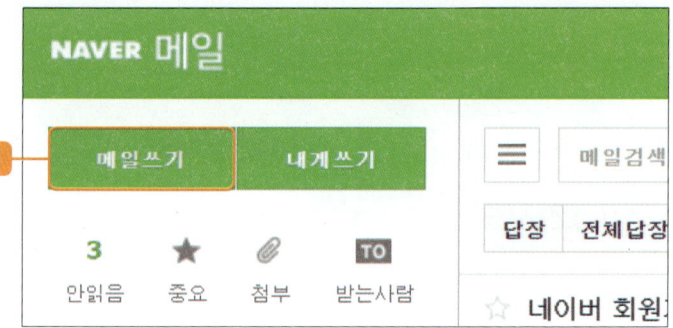

02 '받는사람' 칸에 알려준 메일 주소와 제목을 입력합니다. 이어서 별도의 첨부 파일을 보내기 위해 '파일첨부' 오른쪽의 〈내 PC〉 단추를 클릭합니다.

03 [예제파일]–[CHAPTER 17]–'노을' 파일을 선택한 후 〈열기〉 단추를 클릭합니다.

04 '내용' 칸에 원하는 내용을 입력한 후 〈보내기〉 단추를 클릭합니다.

05 수강생 상호간에 보낸 메일을 확인합니다.

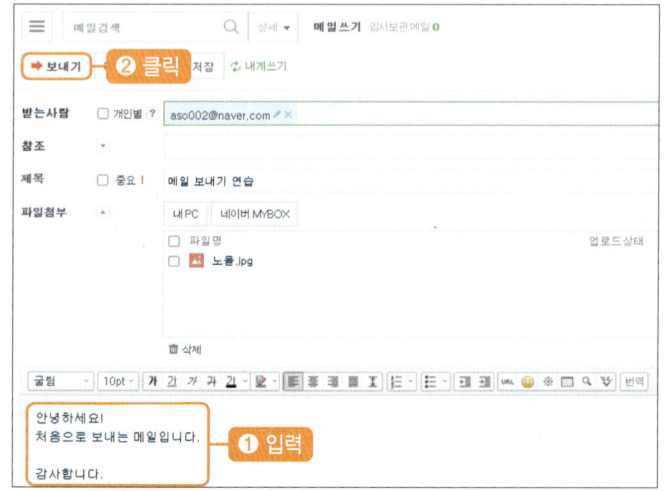

07 네이버 웨일을 실행해 봅니다.

네이버 웨일은 국내 검색 플롯폼인 네이버에서 일상을 여는 새로운 시작이라는 모토로 만든 웹 브라우저입니다.

01 [시작] 단추(⊞)를 클릭한 후 '네이버 웨일(네이버 웨일)'를 클릭합니다.

※ '네이버 웨일'이 없을 경우 네이버에 접속하여 '네이버 웨일'을 설치합니다.

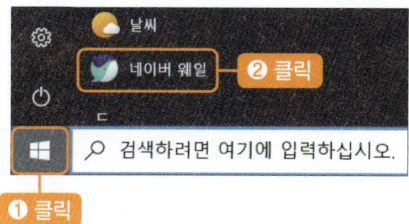

08 웨일의 화면 구성을 알아봅니다.

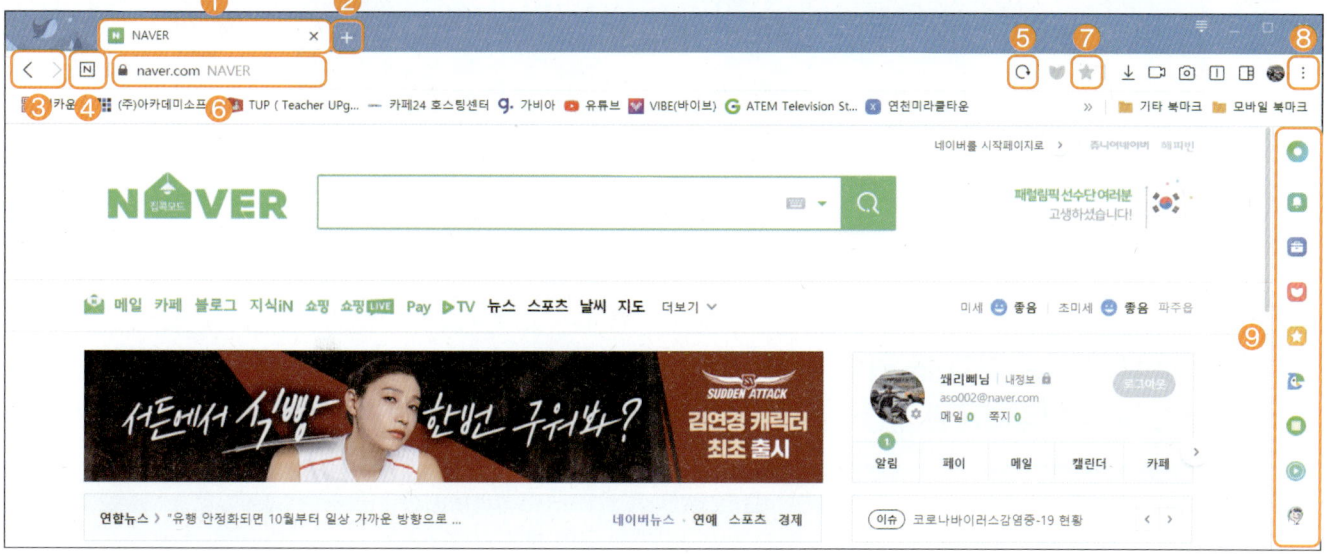

❶ 현재 탭(NAVER ×) : 인터넷에 접속하여 어떤 사이트에 접속한 상태의 탭

❷ 새 탭(+) : 새로운 탭을 활성화시켜서 원하는 웹 페이지로 이동할 수 있습니다.

❸ 뒤로/앞으로(← →) : 현재 페이지를 기준으로 '이전 페이지(←)'와 '다음 페이지(→)'로 이동합니다.

❹ 홈(⌂) : 설정에서 지정한 시작페이지로 이동합니다. ⌂ 이미지가 Ⓝ로 나오는 경우는 홈페이지 지정이 네이버인 경우에만 Ⓝ로 표시됩니다.

❺ 새로 고침(↻) : 현재 보고 있는 페이지의 정보를 새로 가져옵니다.

❻ 주소 표시줄(naver.com NAVER) : 현재 활성화된 사이트의 주소가 표시되며, 다른 사이트의 주소를 입력한 후 Enter 키를 누르면 해당 사이트로 이동할 수 있습니다.

❼ 북마크(★) : 북마크를 추가하고 원하는 사이트로 바로 이동합니다. 주소표시줄 아래에 즐겨찾기 한 사이트가 표시되며 주소표시줄에는 노란색 별모양(★)으로 변경됩니다.

❽ 네이버 웨일 맞춤설정 및 제어(⋮) : 웨일의 주요 기능 등을 실행하거나 설정 페이지를 엽니다.

❾ 사이드바 : 브라우저 창 옆면에 위치한 사이드바는 웹 서핑에 유용한 각종 서비스를 제공합니다.

09 네이버에서 지도를 검색해 봅니다.

01 네이버 웨일 시작 화면에서 N 를 클릭하여 네이버 첫 화면으로 이동한 후 '지도'를 클릭합니다.

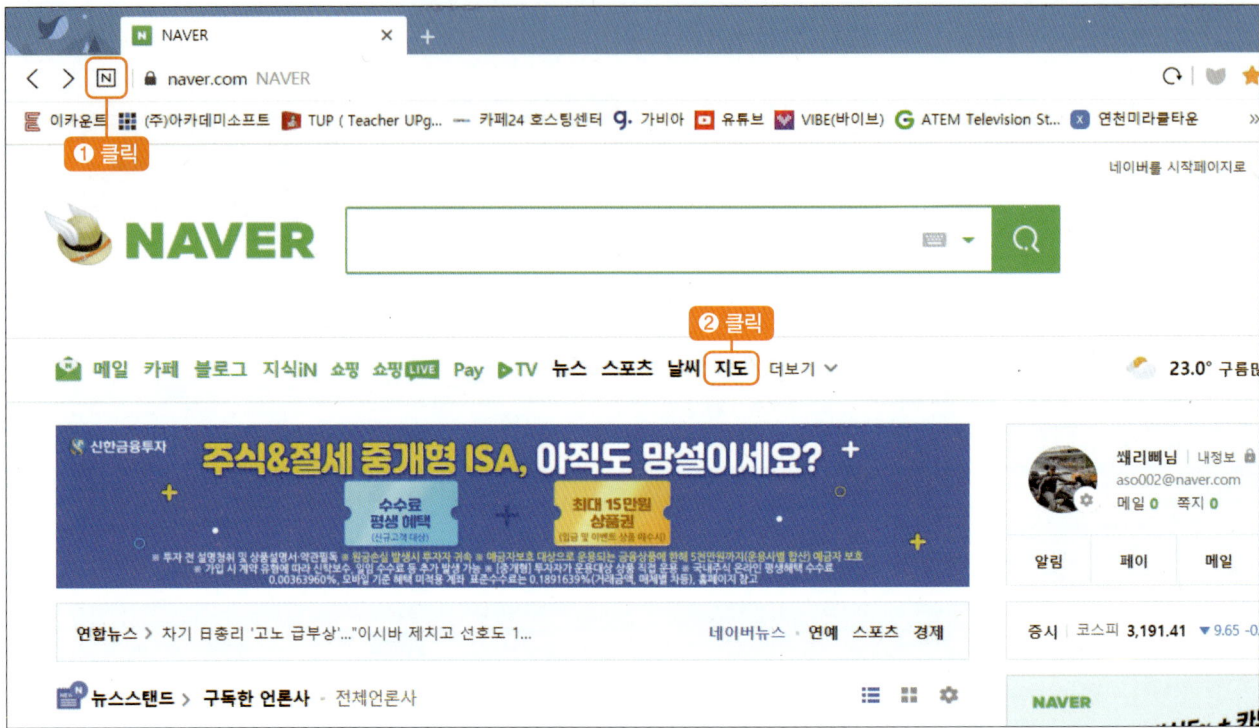

02 왼쪽 메뉴에서 〈길 찾기〉를 클릭 한 후 '출발지(시청역 1호선)'를 입력한 후 Enter 키를 누릅니다. 이어서, '도착지(광화문광장)'를 입력한 후 Enter 키를 누른 후 〈길찾기〉를 클릭합니다.

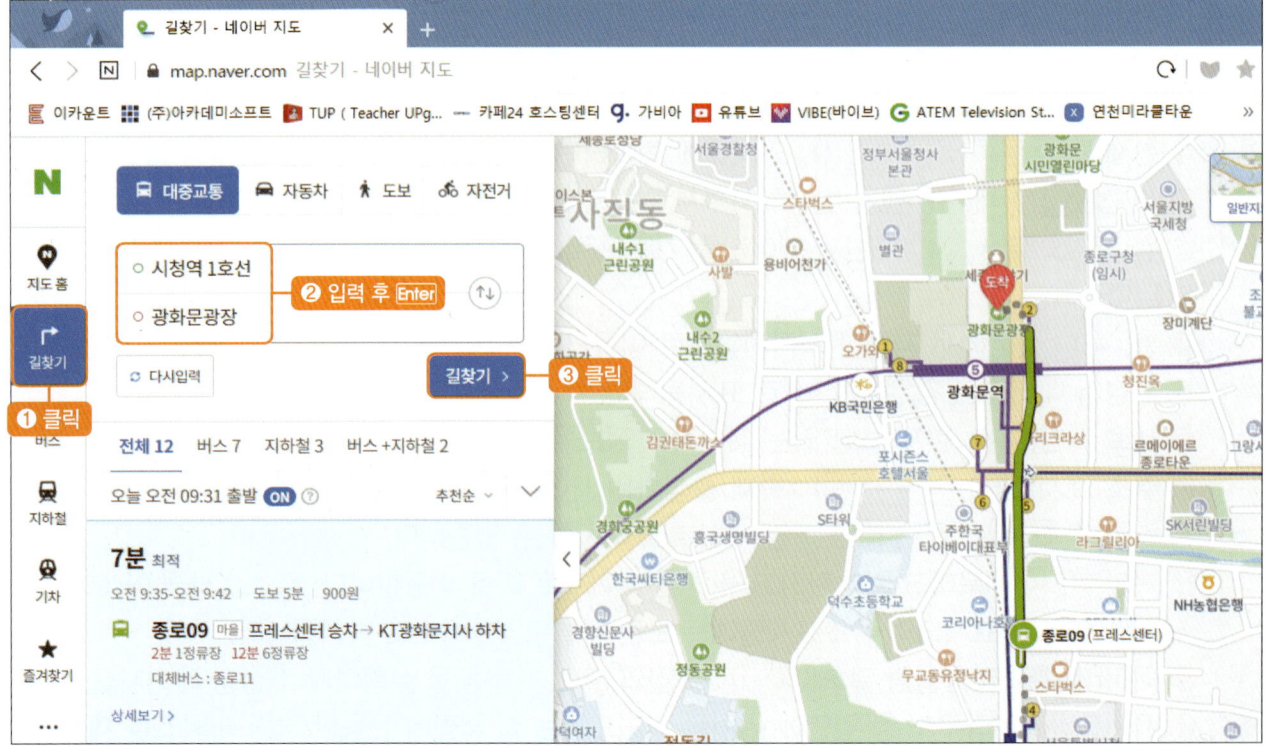

10 웨일에서 모바일 창으로 지도를 검색해 봅니다.

01 화면의 오른쪽 상단에 〈네이버 웨일 맞춤설정 및 제어(⋮)〉를 클릭한 후 〈모바일창〉을 클릭합니다.

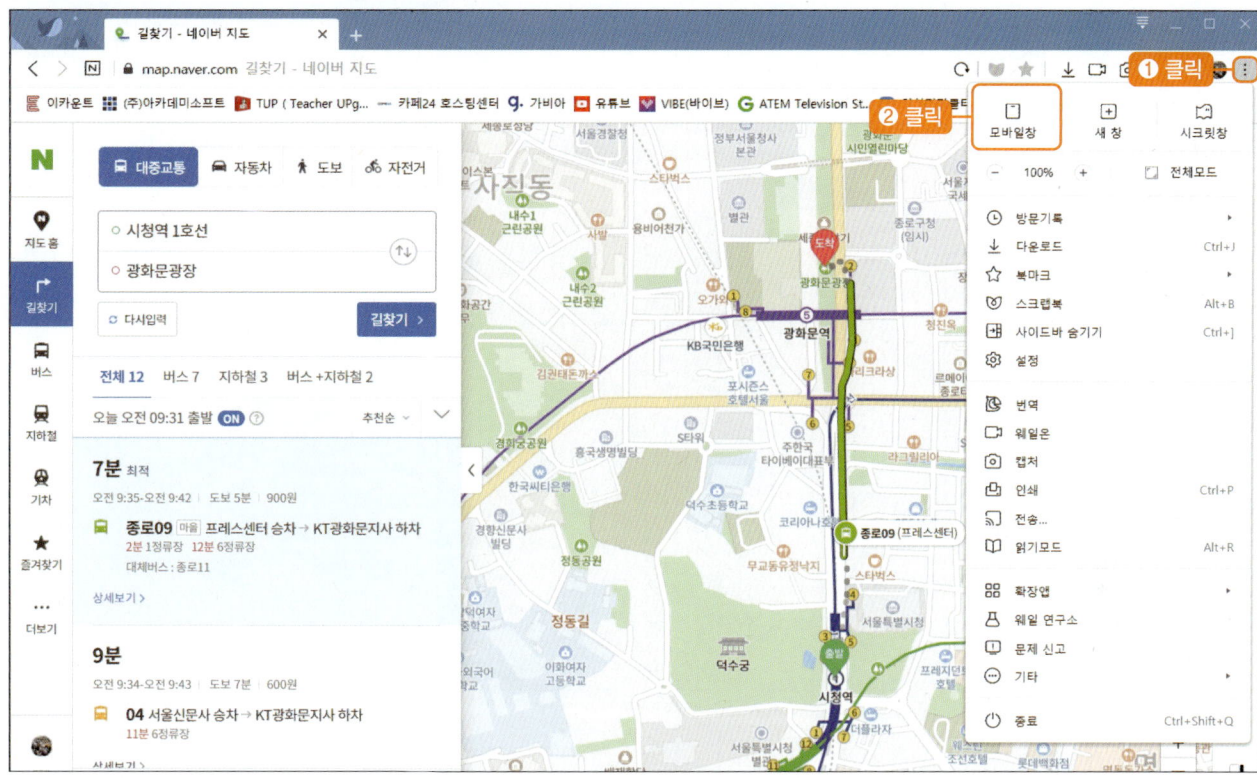

02 모바일 창이 나타나면 검색어 혹은 URL입력 란에 '지도'를 검색한 후 '지도'를 클릭합니다. 이어서 '출발지 검색(시청역 1호선)' 입력과 '도착지 검색(광화문광장)'을 입력합니다.

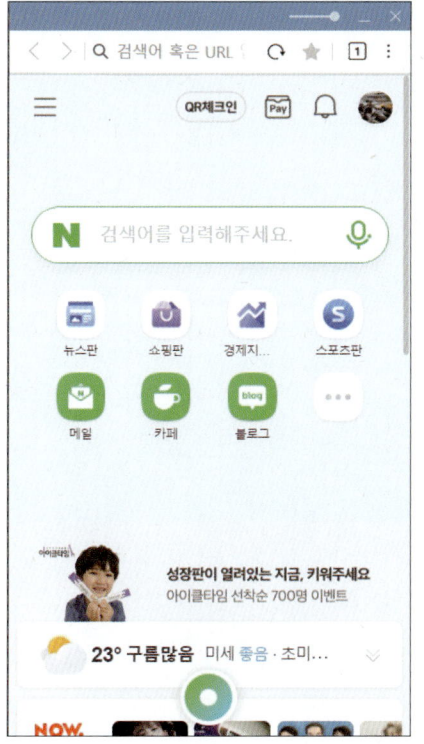  

03 웹 브라우저와 모바일 창이 전체적으로 보입니다. (모바일창만 따로 사용 가능합니다.)

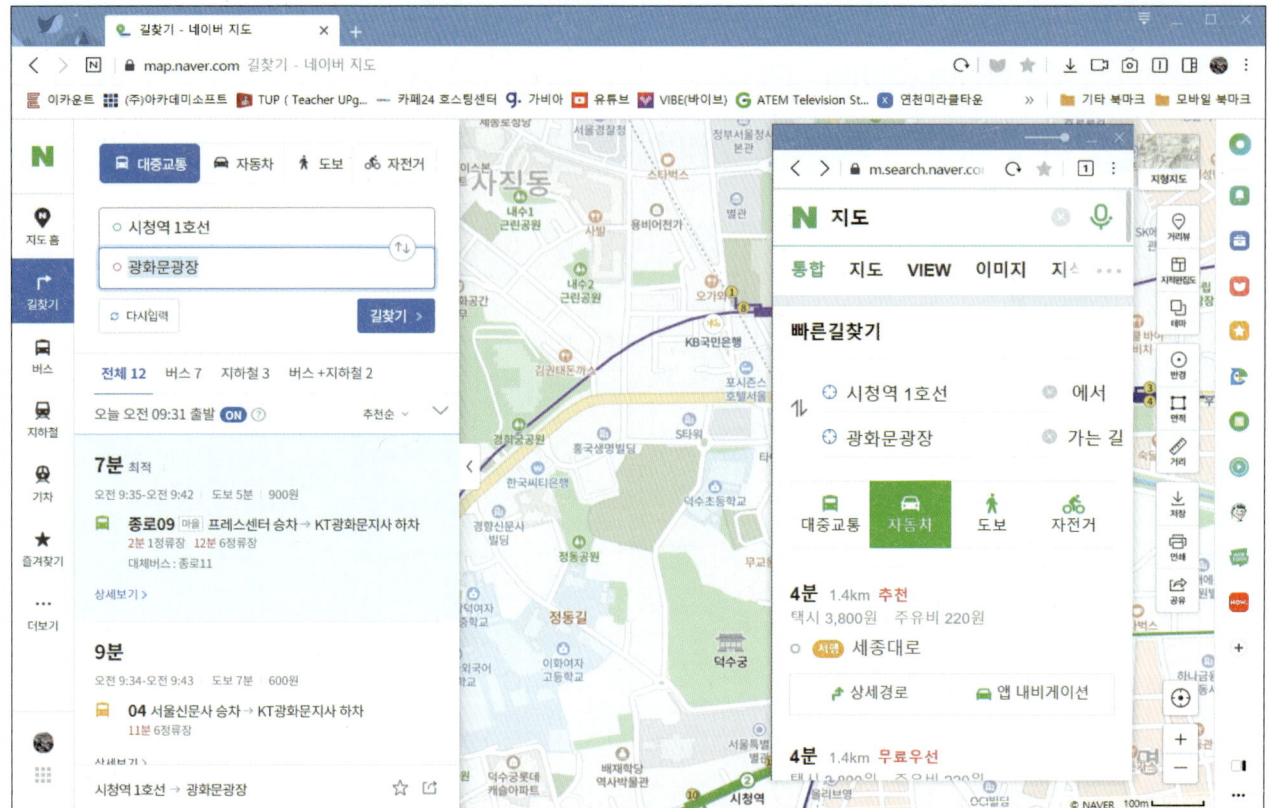

> **TIP**
>
> **홈페이지(사이트)**
>
> 홈페이지란 인터넷에서 어떤 기업, 제품, 사람 등을 홍보하기 위해 만든 페이지입니다. 휴대폰에 각자의 휴대폰 번호가 있듯이 각 홈페이지마다 인터넷 상의 주소(URL)를 가지고 있습니다. 주소 표시줄에 해당 주소(네이버인 경우 www.naver.com)를 입력하거나 검색칸에 '네이버'를 입력하여 원하는 홈페이지로 접속할 수 있습니다.

활용마당

1 '엣지' 웹브라우저를 이용하여 [받은메일함]에 네이버 가입 후 받은 축하 메시지를 모두 삭제해 보세요.

2 중요한 문서는 나에게 메일을 보낸 후 다른 장소에서 확인 할 수 있습니다. 내용을 입력한 후 〈저장〉 단추를 누릅니다.

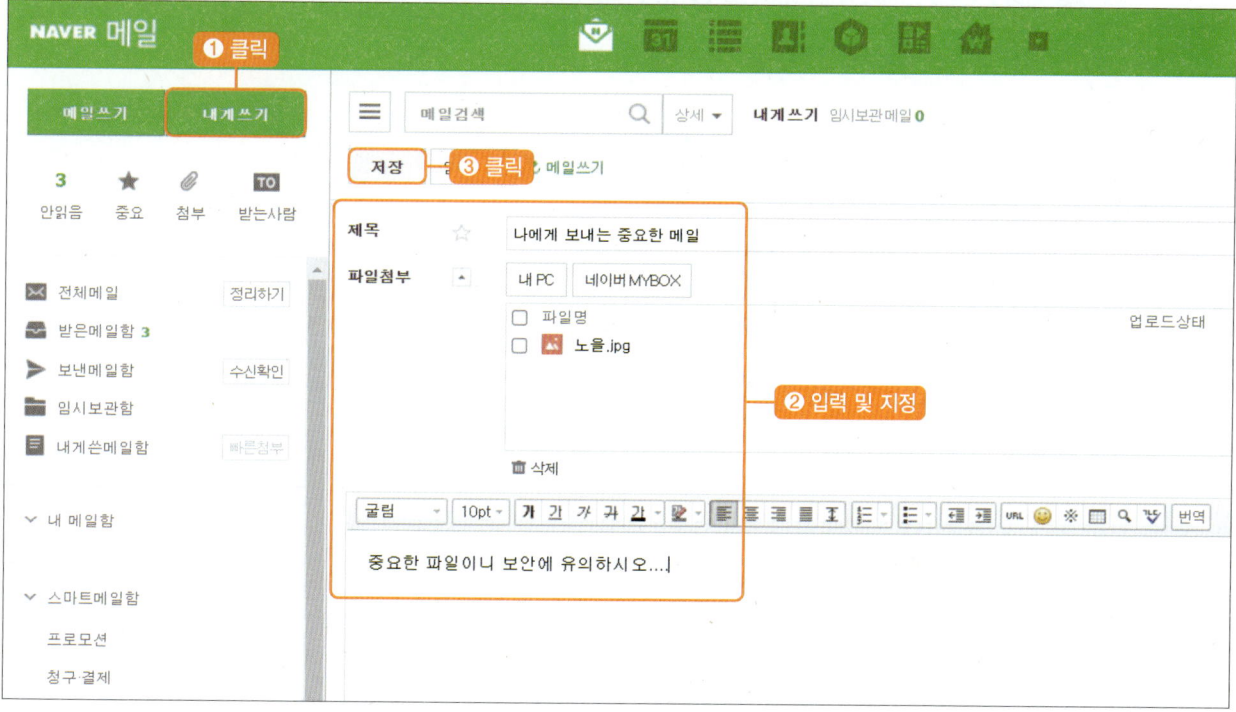

활용마당

3 네이버 웨일의 지도에서 길찾기 한 후 대중교통, 자동차, 도보, 자전거의 시간을 입력해 보세요.
(예 : 출발지 : 집, 도착지 : 교육기관)

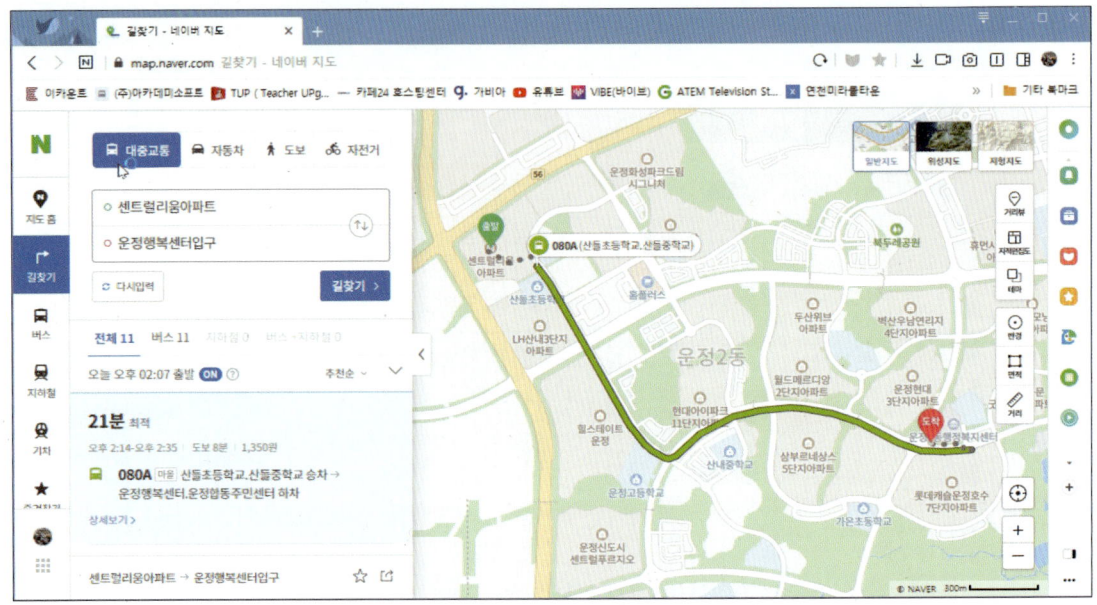

대중교통	자동차	도보	자전거

4 '서울역'에서 '부산 해운대 해수욕장'까지 가는 경로를 검색해 보고 대중교통으로 가장 빨리 갈 수 있는 방법으로 〈상세보기〉를 확인해 보세요.

MEMO

CHAPTER 10 [크롬] 웹브라우저와 인터넷 중독

📙 예제파일 : 없음   📙 완성파일 : 없음

✱ 이번 장에서는

웹 브라우저 중 '구글 크롬'에 대한 기본 기능과 인터넷 중독에 대해서 알아봅니다.

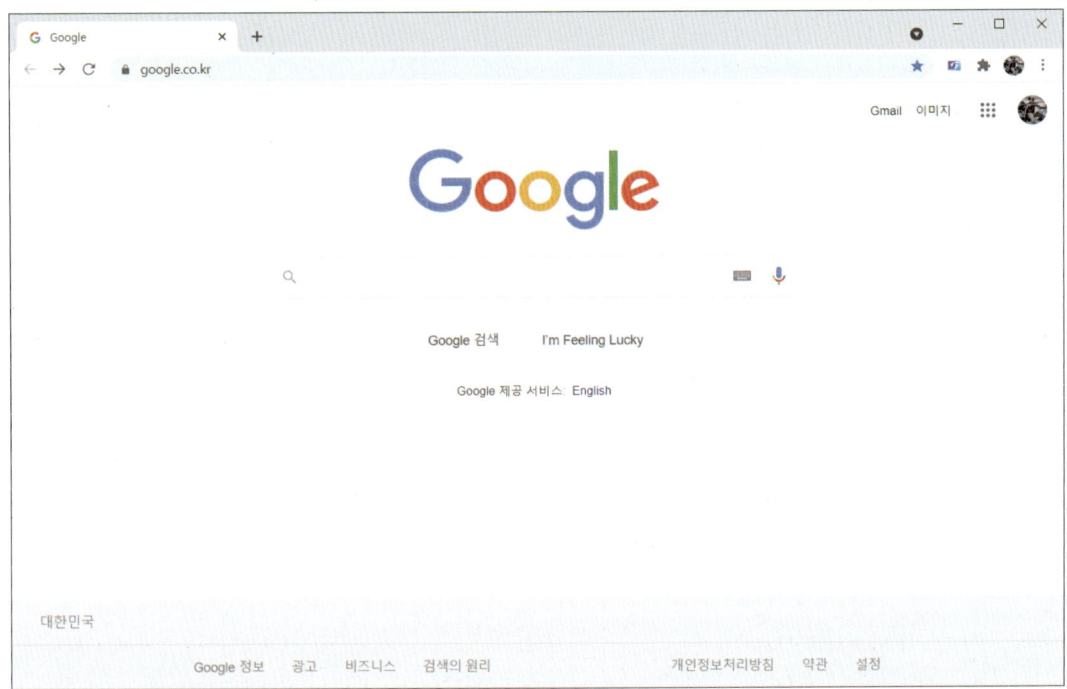

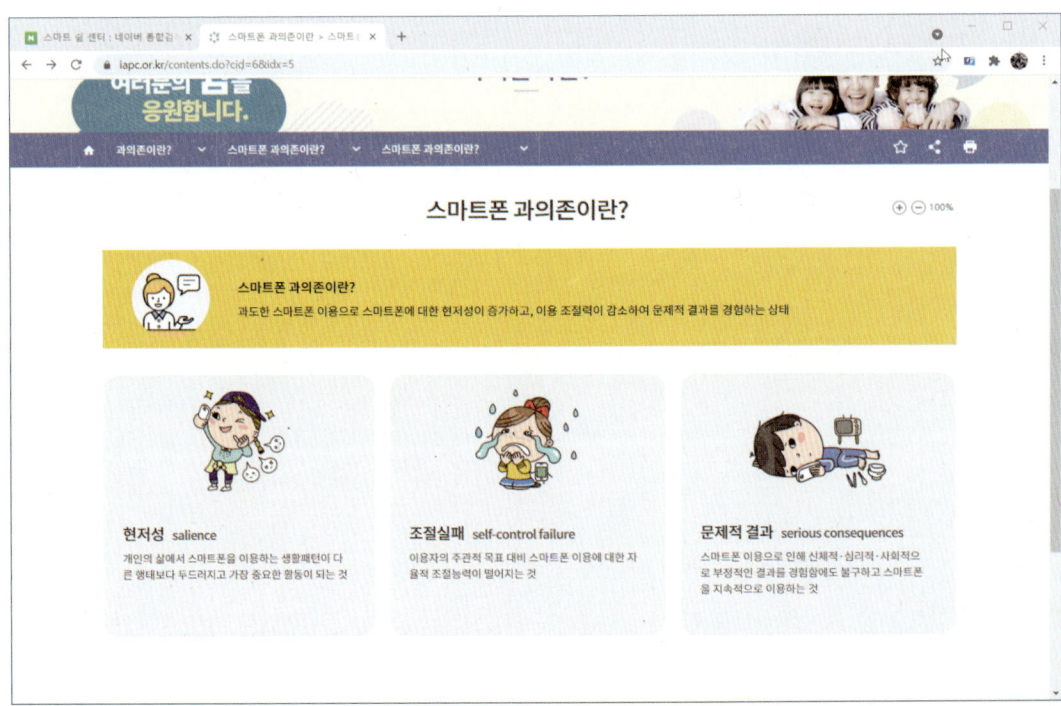

01 구글 크롬(Chrome)을 실행해 봅니다.

크롬이란? 구글에서 만든 웹 브라우저로 구글 앱을 사용할 수 있으므로 최근에 가장 많이 사용되고 있는 웹 브라우저입니다.

01 [시작] 단추(⊞)를 클릭한 후 'Chrome (🌐 Chrome)'을 클릭합니다.
※ '크롬'이 없을 경우 '엣지' 또는 '웨일' 등의 웹 브라우저에서 '크롬'을 검색하여 설치합니다.

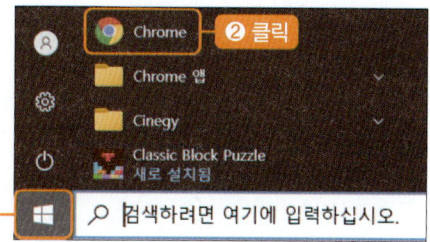

02 크롬의 화면 구성을 알아봅니다.

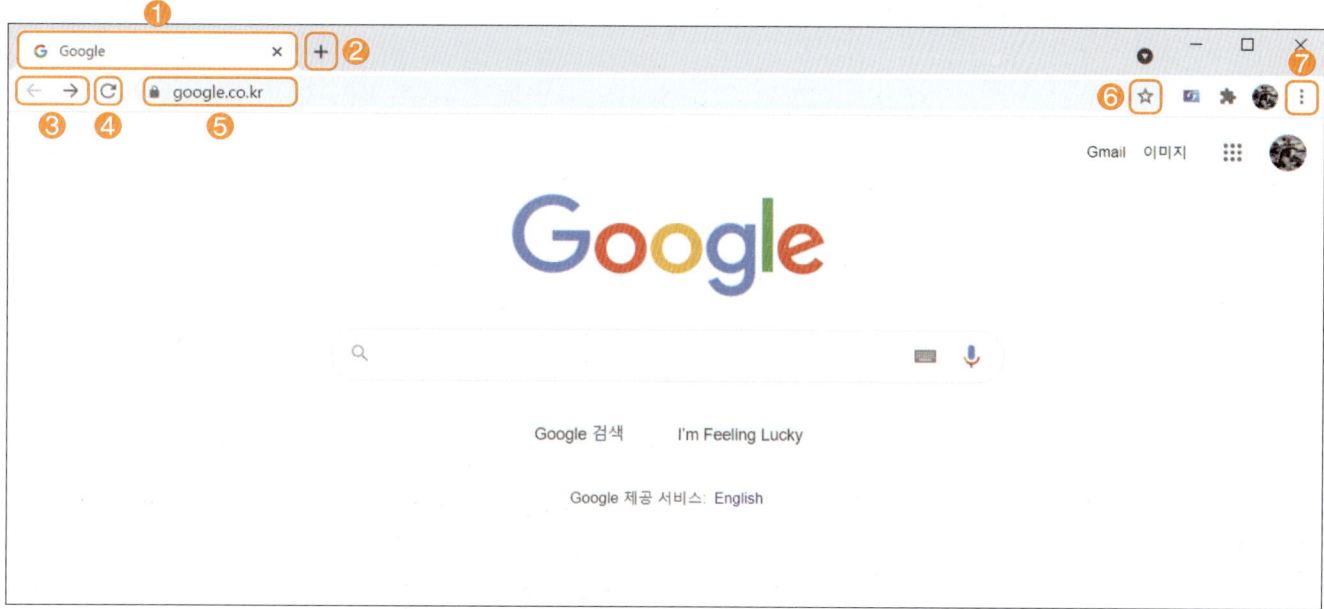

❶ 탭(G Google ✕) : 접속된 페이지를 나타낸 것입니다. 탭에는 접속된 페이지의 제목이 표시됩니다.

❷ 새 탭(+) : 새로운 탭을 활성화시켜서 원하는 웹 페이지로 이동할 수 있습니다.

❸ 뒤로/앞으로(← →) : 현재 페이지를 기준으로 '이전 페이지(←)'와 '다음 페이지(→)'로 이동합니다.

❹ 페이지 새로 고침(⟳) : 현재 보고 있는 페이지의 정보를 새로 가져옵니다.

❺ 주소 표시줄(🔒 google.co.kr) : 현재 활성화된 사이트의 주소가 표시되며, 다른 사이트의 주소를 입력한 후 Enter 키를 누르면 해당 사이트로 이동할 수 있습니다.

❻ 북마크(☆) : 북마크를 추가하고 원하는 사이트로 바로 이동합니다. 주소표시줄 아래에 즐겨찾기 한 사이트가 표시되며 주소표시줄에는 파란색 별모양(★)으로 변경됩니다.

❼ Chrome 맞춤설정 및 제어(⋮) : 인쇄하거나 크롬을 설정하는 등의 작업을 진행할 수 있습니다.

03 이미지를 검색해 봅니다.

01 크롬 시작 화면에서 오른쪽 상단에 '이미지'를 클릭합니다.

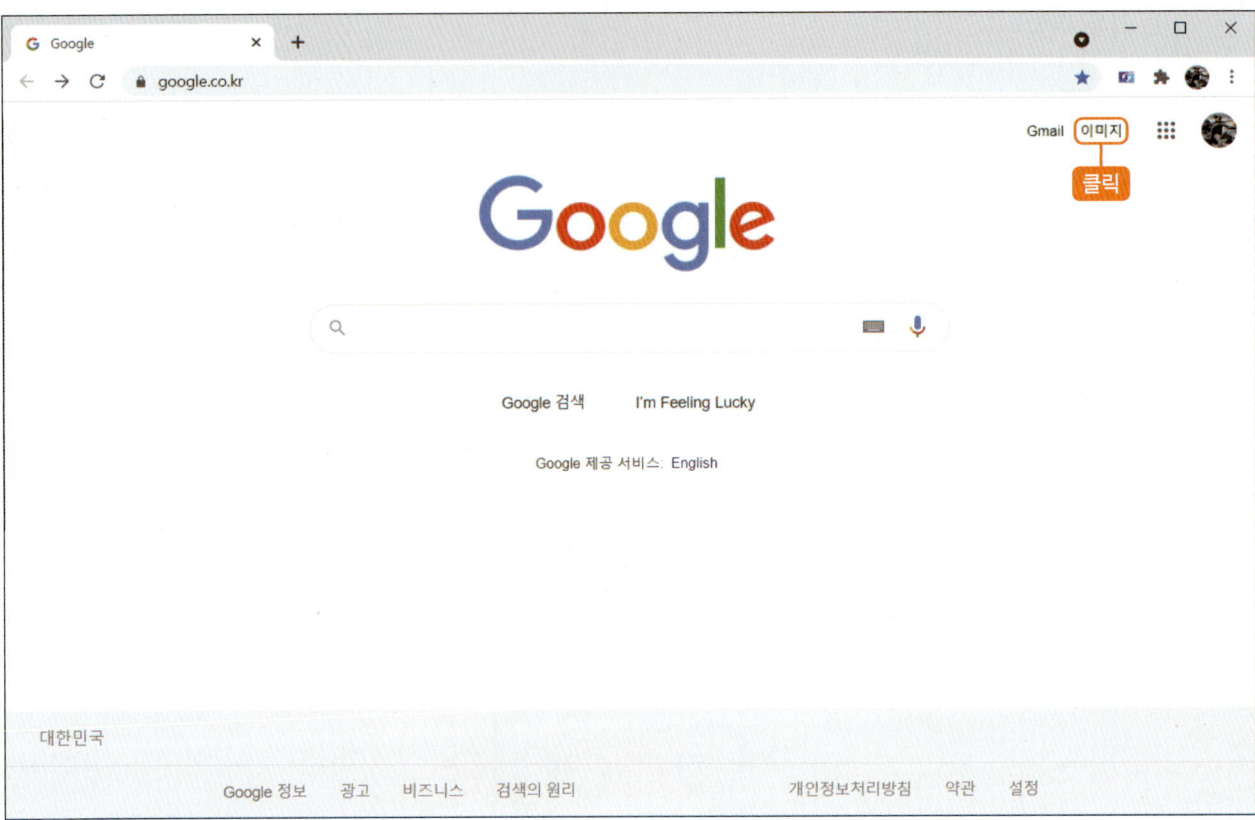

02 검색칸에 '리트리버'라고 입력 후 엔터를 누릅니다. '리트리버' 이미지가 검색 되면 마음에 드는 사진 위쪽에서 마우스 오른쪽 단추를 클릭한 후 〈이미지를 다른 이름으로 저장〉을 클릭합니다.

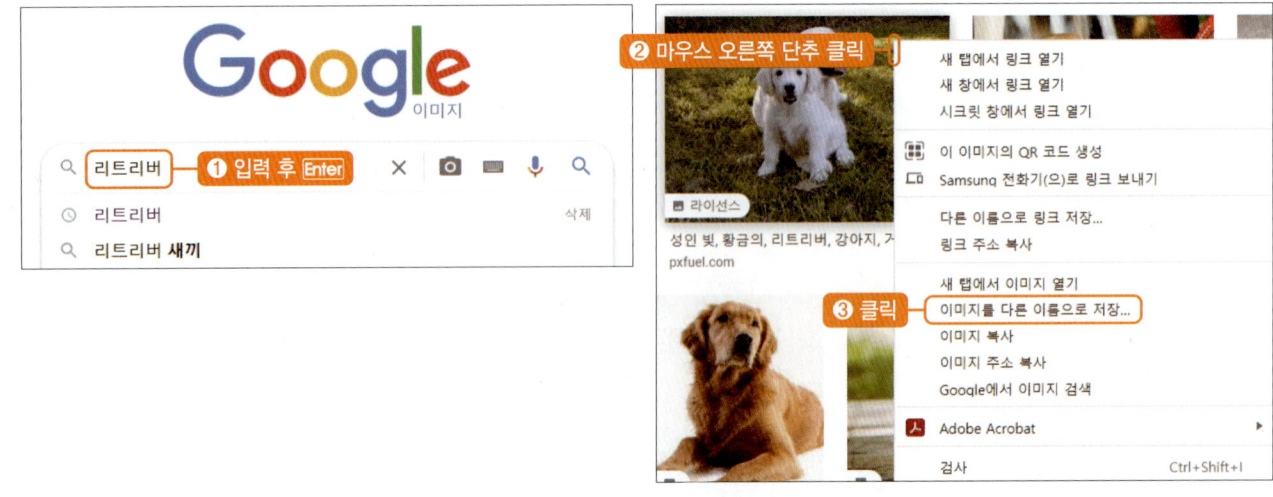

110 • [크롬] 웹브라우저와 인터넷 중독

03 이어서, [사진] 폴더에 자신의 이름으로 된 폴더(홍길동)를 만든 후 '파일이름'을 '리트리버'라고 입력 한 후에 〈저장〉 단추를 클릭합니다.

TIP

저작권

저작권에 상관없이 이미지를 사용하고 싶다면?

- 이미지 검색 창에서 '도구' 단추를 클릭하여 '사용권' 목록단추에서 '크리에이티브 커먼지 라이선스'를 선택하여 검색합니다.

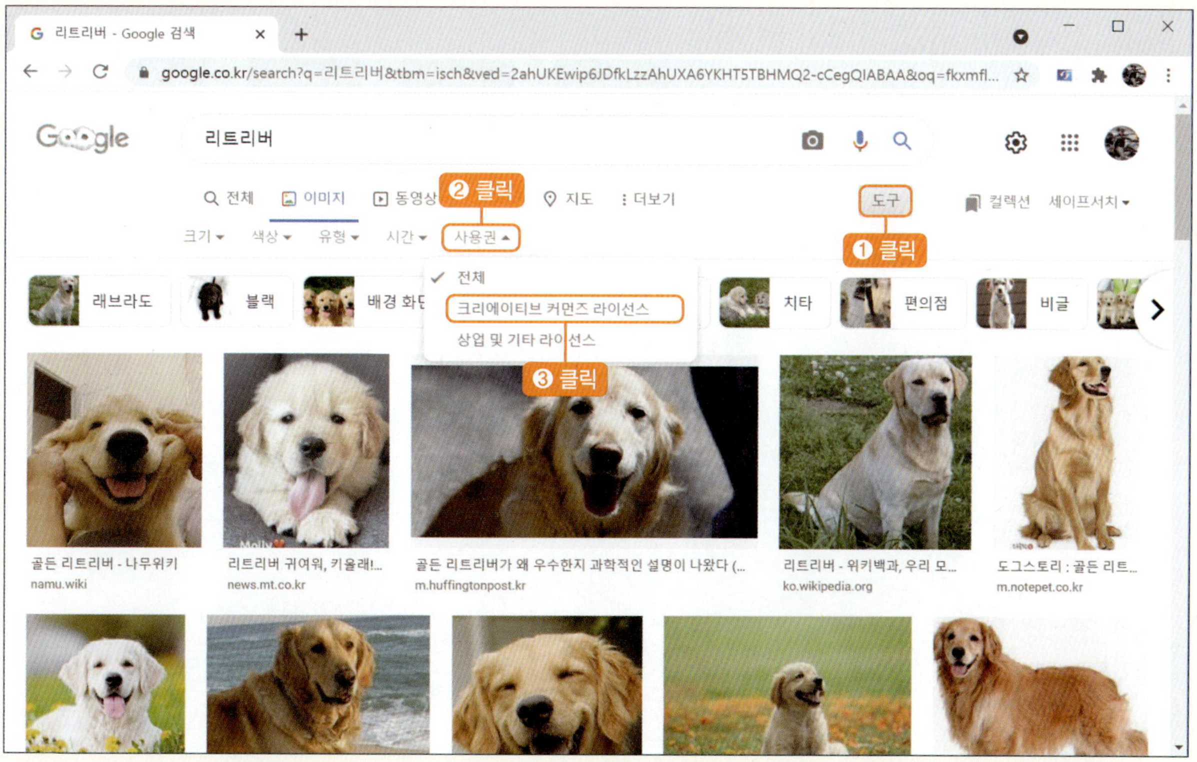

04 이어서, 자신이 원하는 다양한 이미지를 저장해 봅니다.

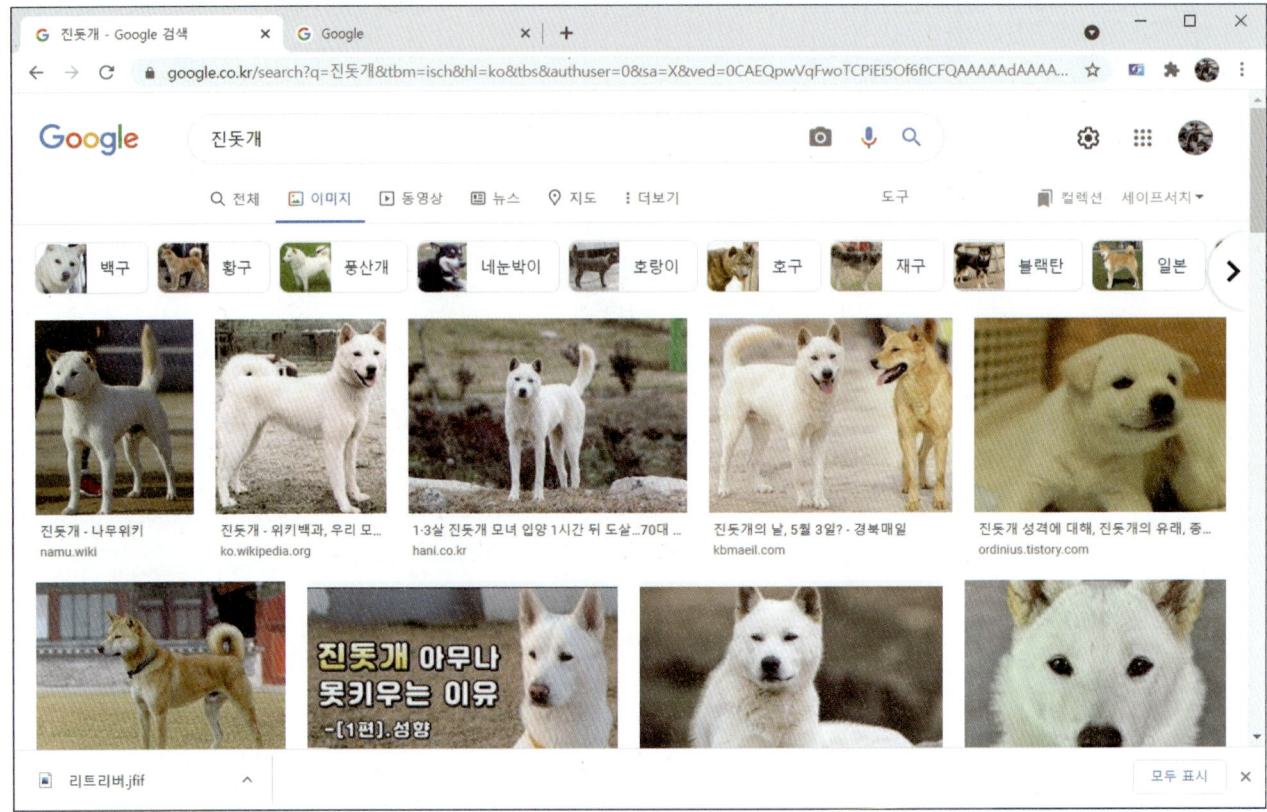

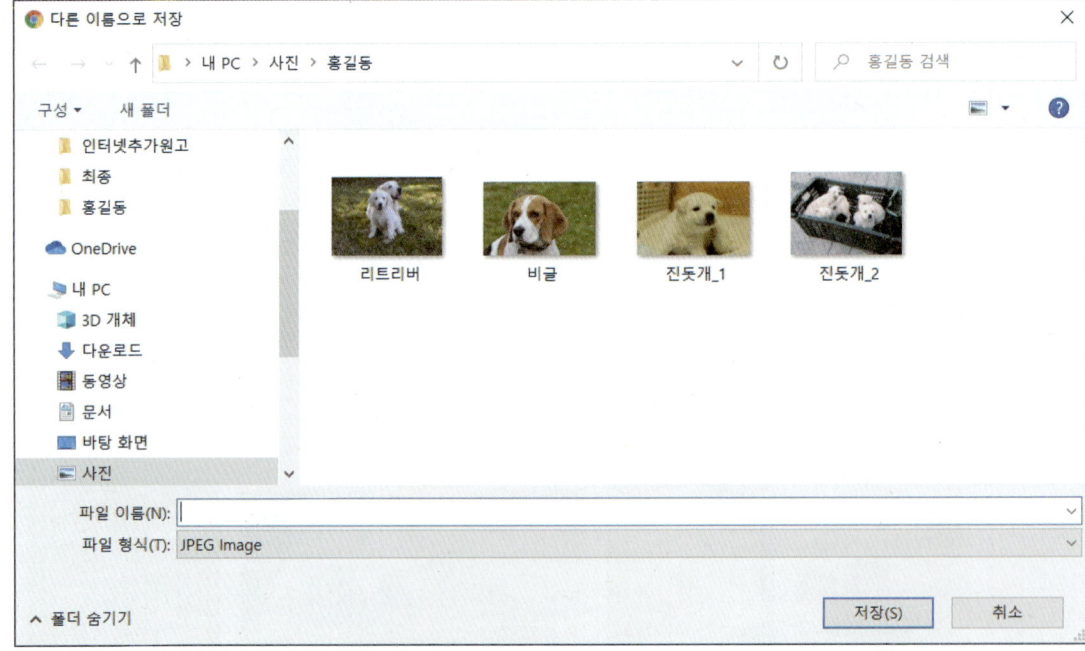

04 스마트폰 등 인터넷 중독 알아보기

컴퓨터나 스마트폰 등은 우리에게 많은 정보를 쉽게 볼 수 있도록 하는 장점도 있지만 과다한 사용으로 악영향을 주는 피해도 있습니다.

01 [시작] 단추(■)를 클릭한 후 'Chrome (🌐 Chrome)'을 클릭합니다. 이어서, 주소란에 'naver.com'을 입력한 후 Enter 키를 눌러 네이버 홈페이지로 이동합니다.

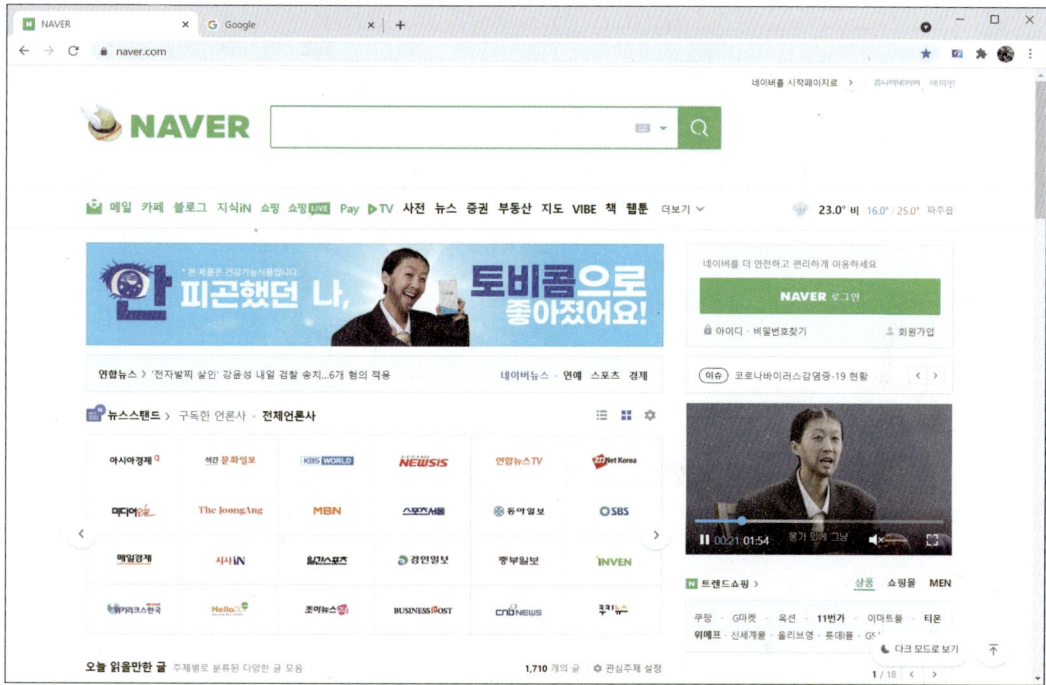

02 네이버 검색창에 '인터넷 중독'을 입력한 후 Enter 키를 누릅니다. 이어서, 검색 결과 창에서 〈스마트폰 과의존도 진단〉 아래 〈성인〉을 클릭합니다.

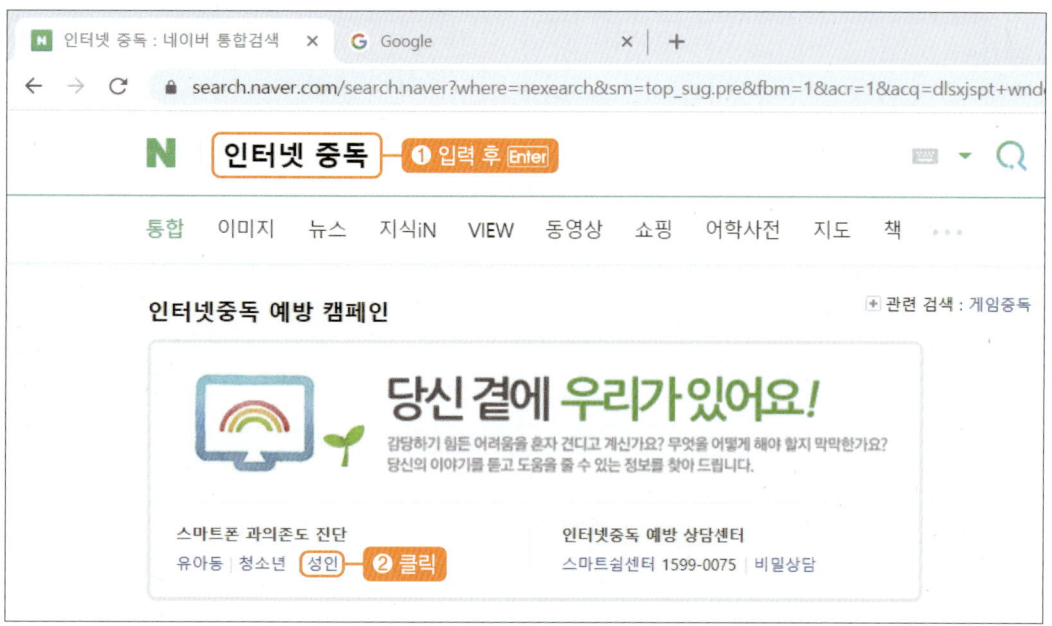

03 〈스마트폰 과의존 성인·고령층 척도〉에 자신의 정보와 내용을 선택하여 테스트를 합니다. 문제를 모두 체크한 후 결과보기 단추를 클릭합니다.

04 결과 내용을 확인한 후 현재 나의 과의존 상태를 확인합니다.

114 • [크롬] 웹브라우저와 인터넷 중독

05 인터넷 및 스마트 폰 중독에 대해서 알아봅니다.

01 네이버에서 '스마트 쉼 센터'를 검색한 후 해당 사이트가 검색되어 나오면 '스마트 쉼 센터'를 클릭합니다.

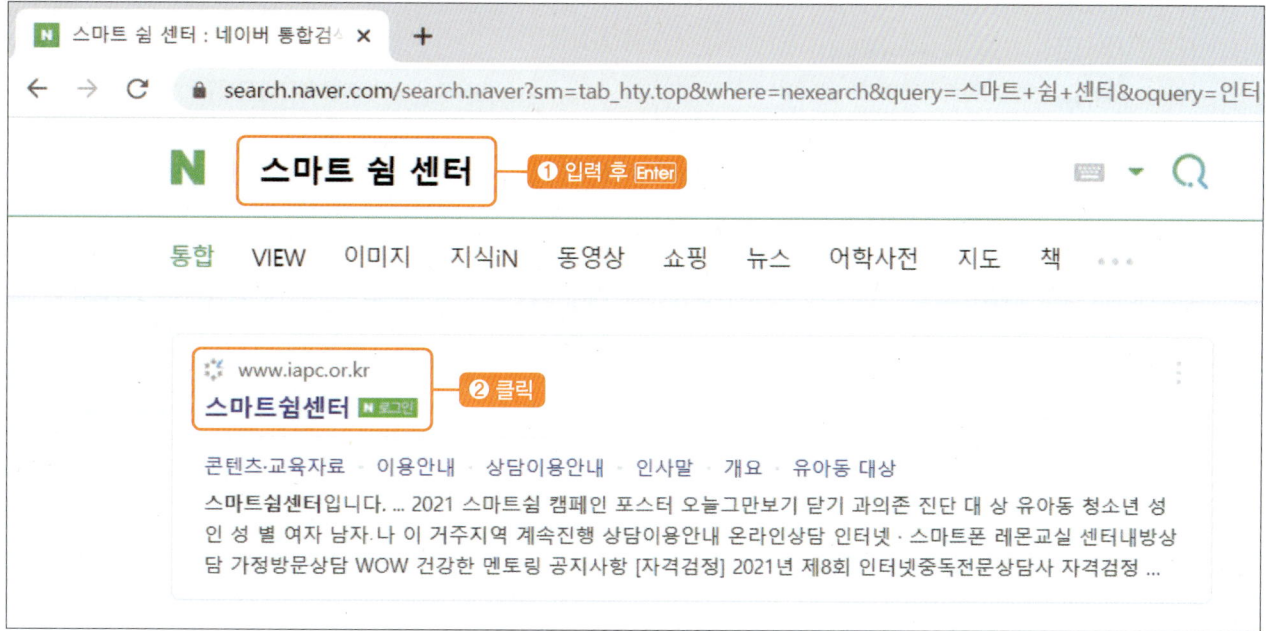

02 '스마트 쉼 센터' 홈페이지가 열리면 [스마트폰 과의존이란?]을 클릭합니다.

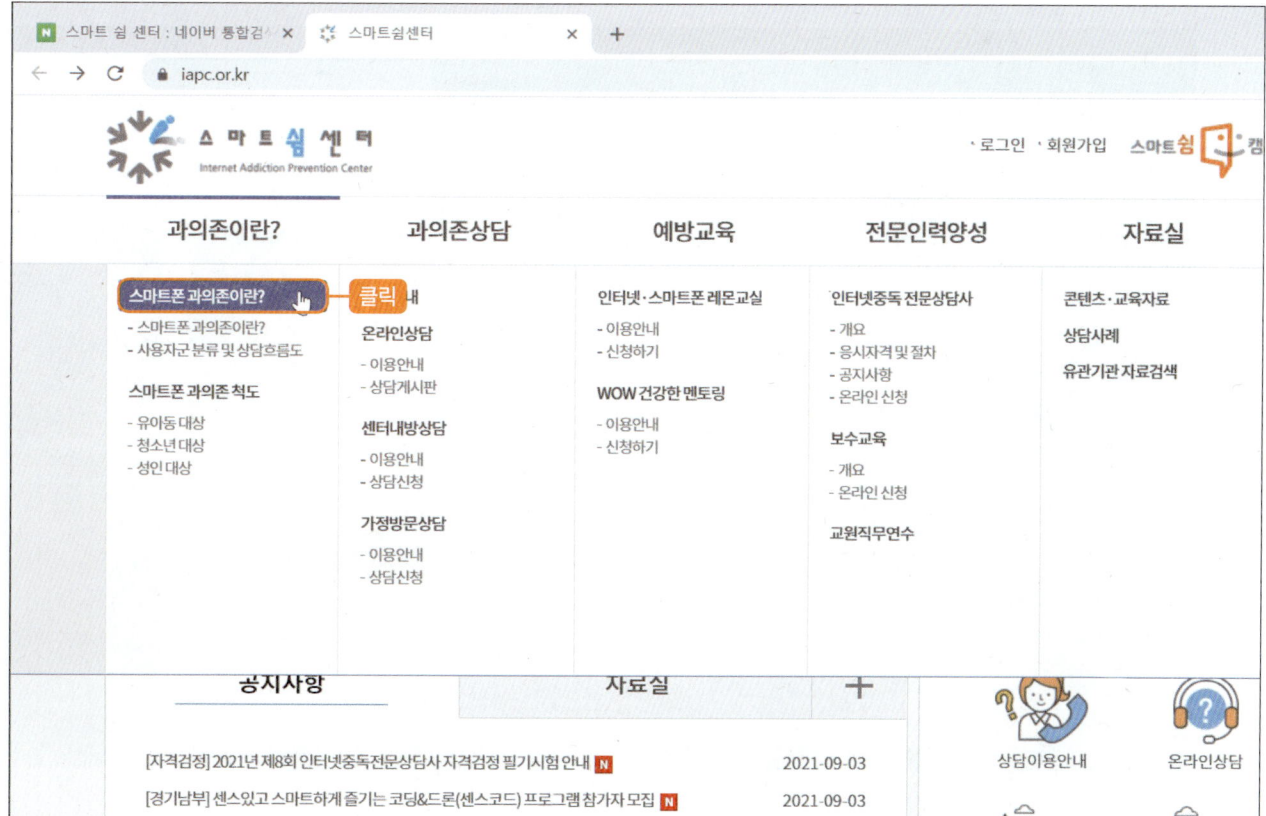

03 [스마트폰 과의존이란?] 웹 페이지가 열리면 해당 내용을 확인합니다.

04 위 오른쪽 을 클릭합니다. 이어서, 동영상 등을 클릭하여 내용을 확인합니다.

116 • [크롬] 웹브라우저와 인터넷 중독

활용마당

🟡 **예제파일** : 없음   🟡 **완성파일** : 없음

1 '아카데미소프트' 출판사 쇼핑몰을 검색해서 현재 내가 배우는 책의 이미지를 찾아 자신의 폴더에 저장해 보세요.(www.asomall.co.kr)

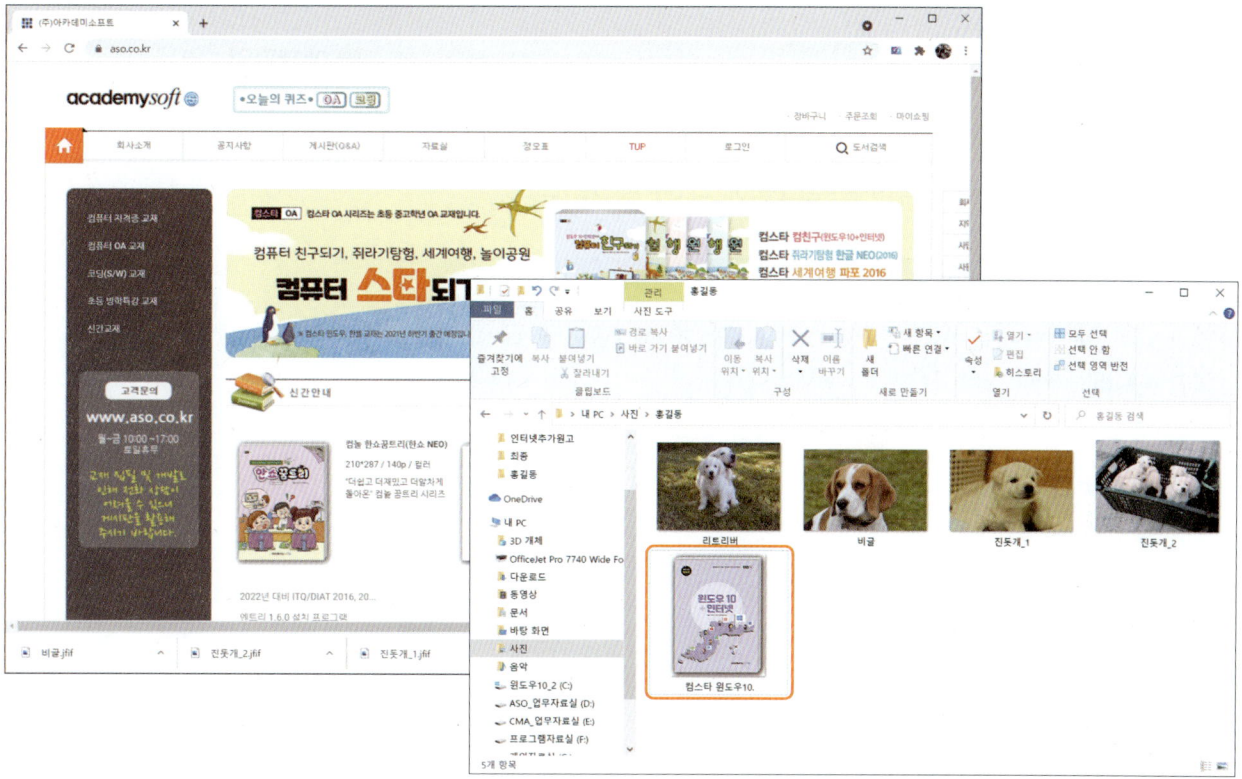

2 '만화 캐릭터'를 검색해서 자신이 원하는 이미지를 찾아 자신의 폴더에 저장해 보세요.

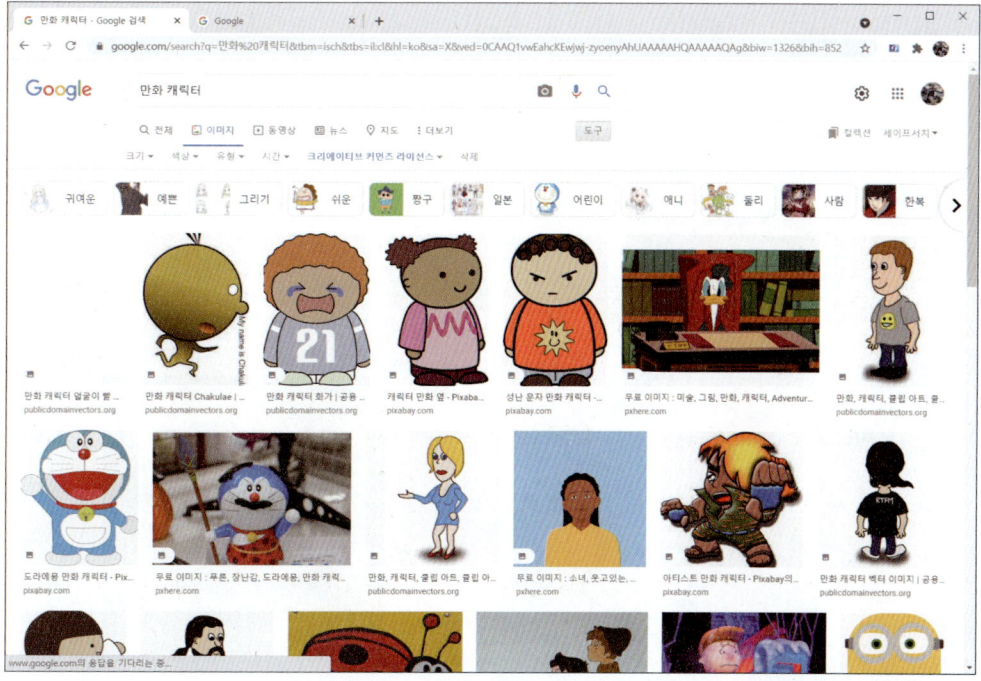

CHAPTER 11 알집으로 압축하고 알약으로 치료하기

● 예제파일 : 없음   ● 완성파일 : 없음

✖ 이번 장에서는

압축 프로그램과 컴퓨터 백신 프로그램에 대해 알아봅니다.

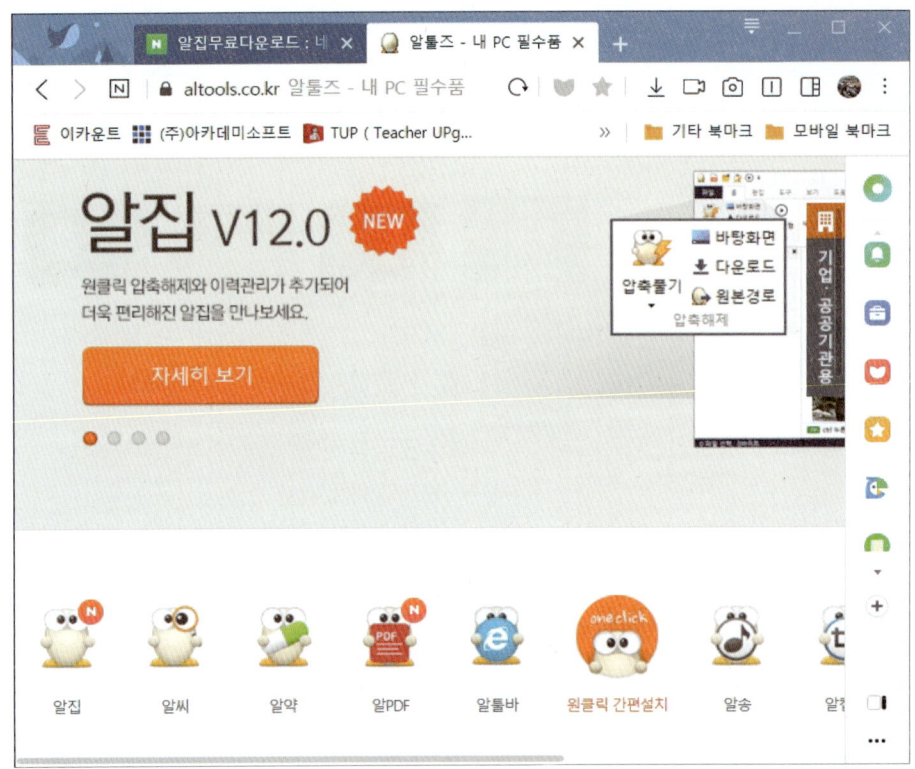

◀ [알집] 압축 프로그램

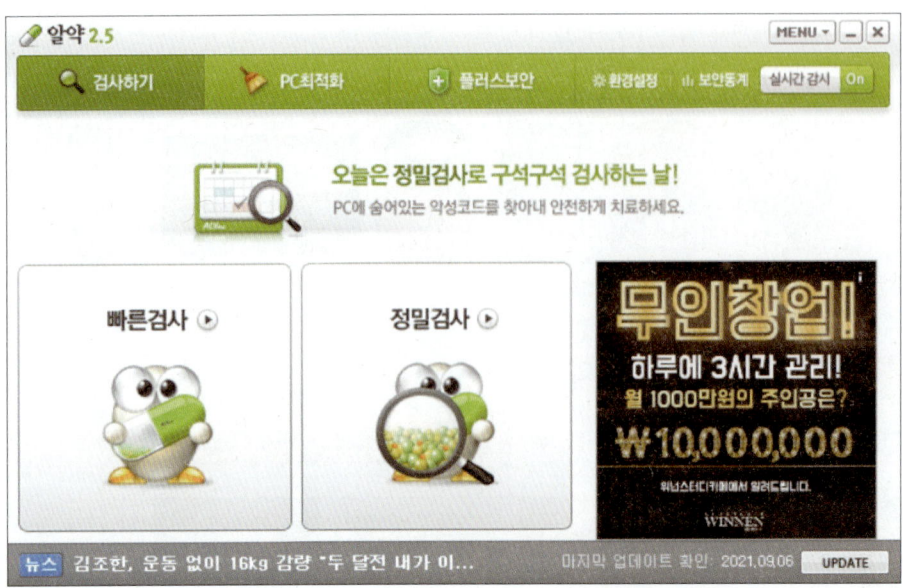

◀ [알약] 백신 프로그램

 **윈도우에서 제공하는 압축기능으로 압축을 합니다.**

친구에게 파일을 보낼 때 파일의 용량이 커서 메일이나 카톡 등으로 보내는 것이 어려울 수 있습니다. 이때 사용하는 앱(프로그램)이 압축 프로그램입니다.

01 윈도우 탐색기를 실행한 후 [예제파일]-[CHAPTER 11]-[압축 예제파일]에서 '압축_1.hwp', '압축_2.hwp', 두 개의 파일을 선택합니다. 이어서, [공유] 탭의 [보내기] 그룹에서 [압축(ZIP)] 명령 단추를 클릭합니다.

※ 폴더(파일)를 압축하면 용량이 줄어들어 메일 등에서 첨부 파일로 보낼 때 유용합니다.

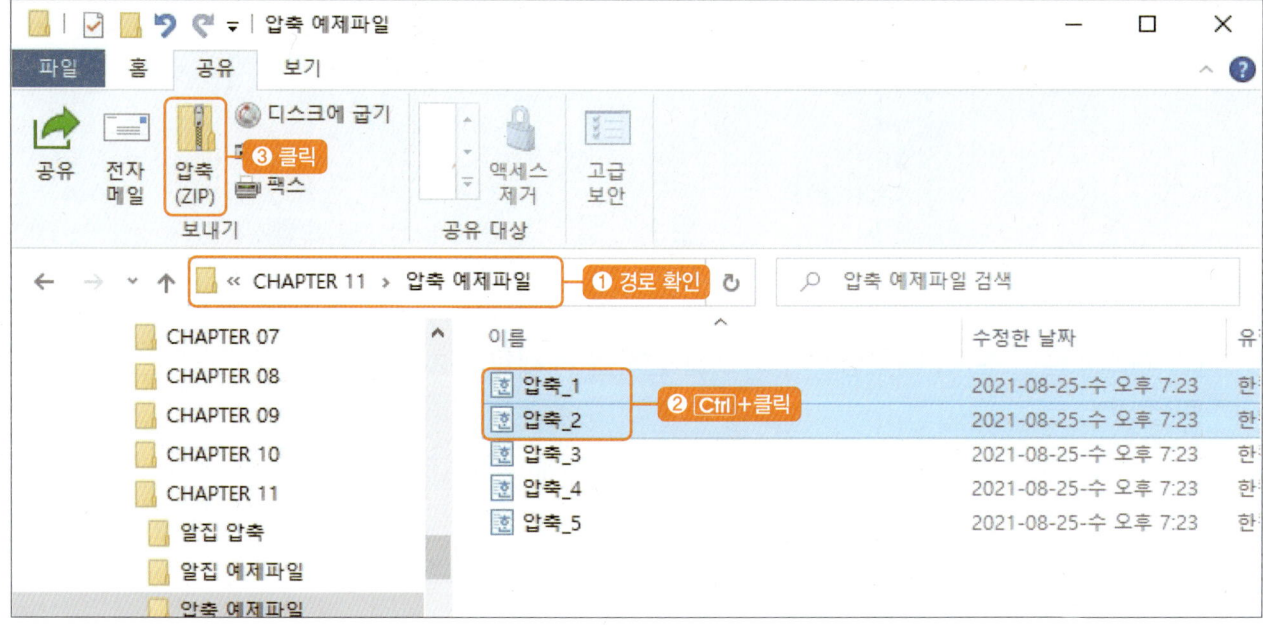

02 '압축연습' 이라고 입력한 후 Enter 키를 누릅니다.

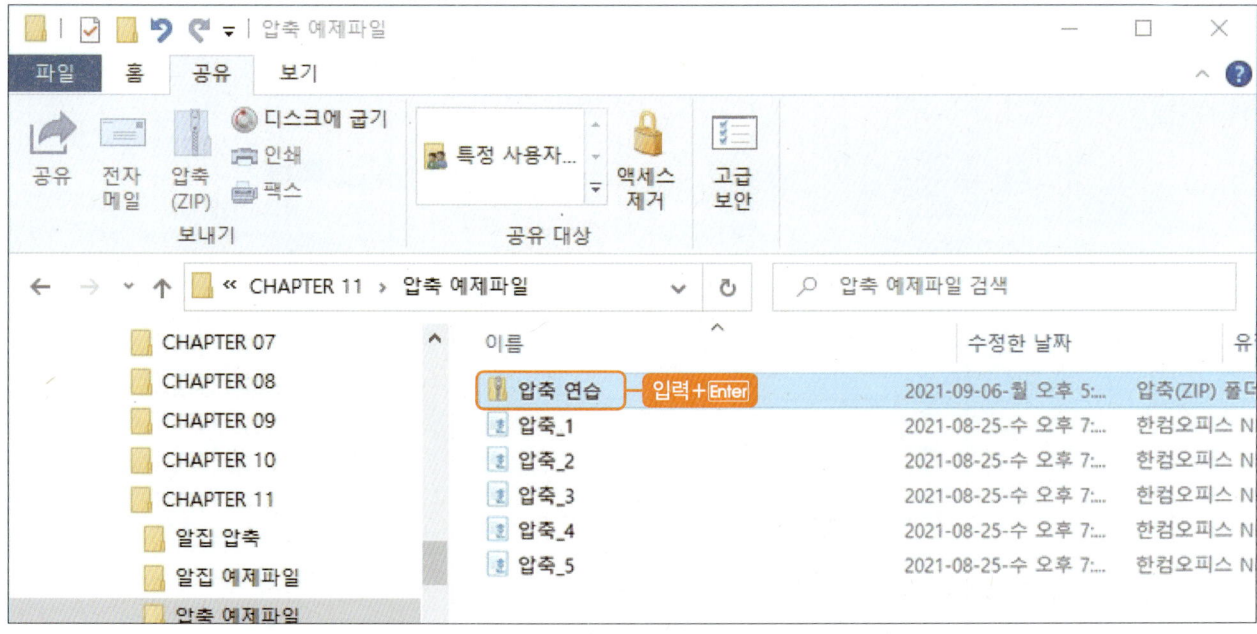

03 압축한 파일을 사용하기 위해선 압축을 풀어야합니다. 조금전 압축한 파일을 선택한 후 [압축폴더 도구] 탭에서 [압축풀기] 단추를 클릭합니다.

※ 알집(Alzip)등 압축프로그램이 설치된 경우에는 [윈도우탐색기]의 [압축풀기] 메뉴가 실행되지 않습니다.

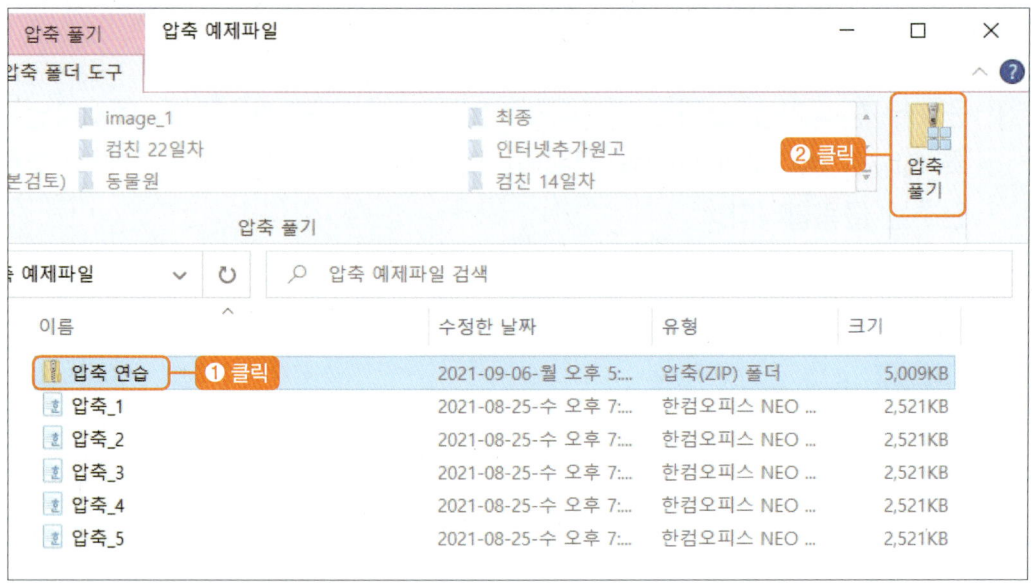

04 [압축(Zip) 폴더 풀기] 대화상자가 나오면 압축을 해제할 위치를 지정한 후 〈압출 풀기〉 단추를 클릭합니다.

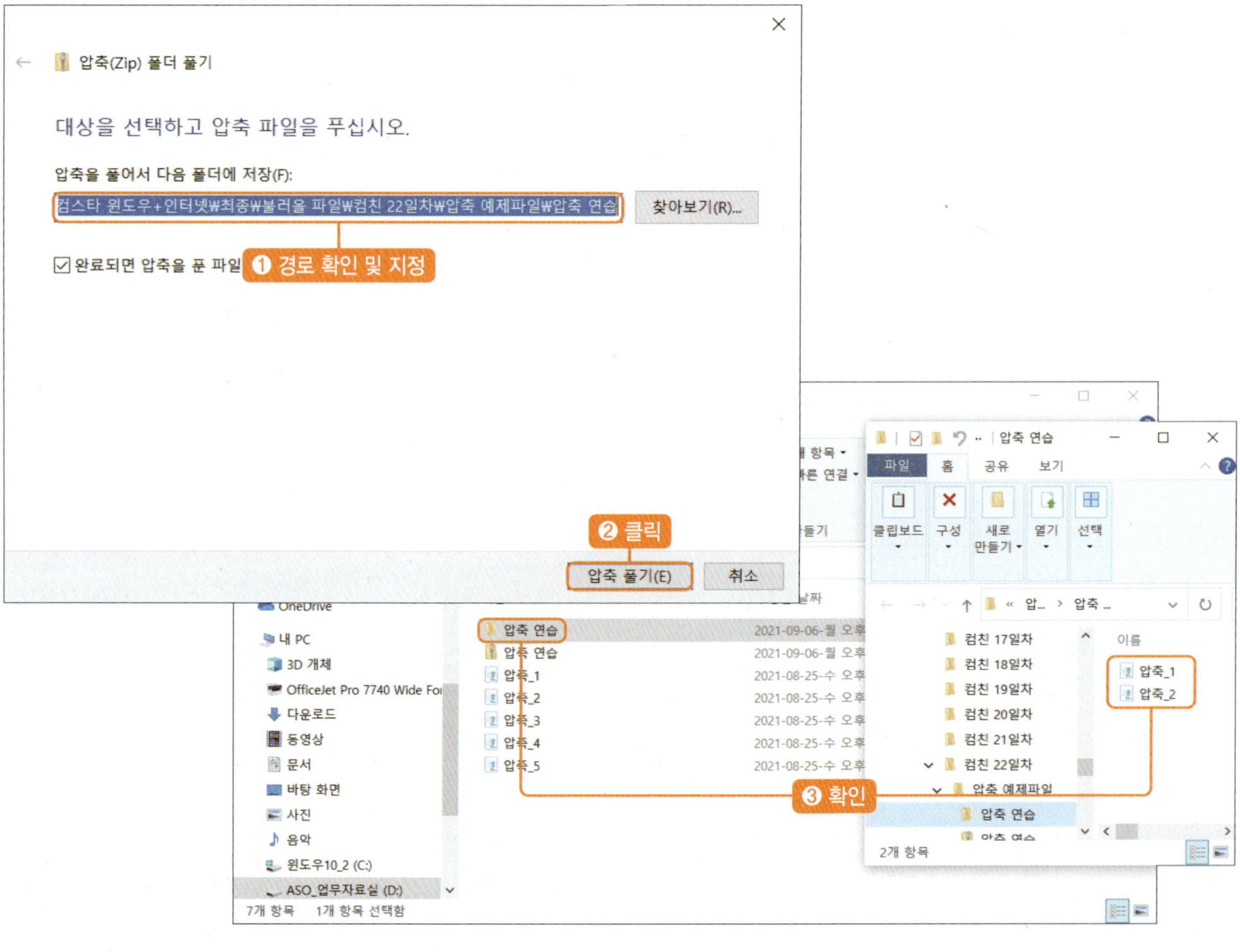

02 알집으로 압축 및 압축 풀기를 해봅니다.

알집은 국내에서 가장 많이 사용되는 무료 압축 프로그램입니다. 사용 방법을 충분히 이해하고 사용해 보세요.

01 인터넷에서 알집을 검색하여 다운로드 및 설치합니다.

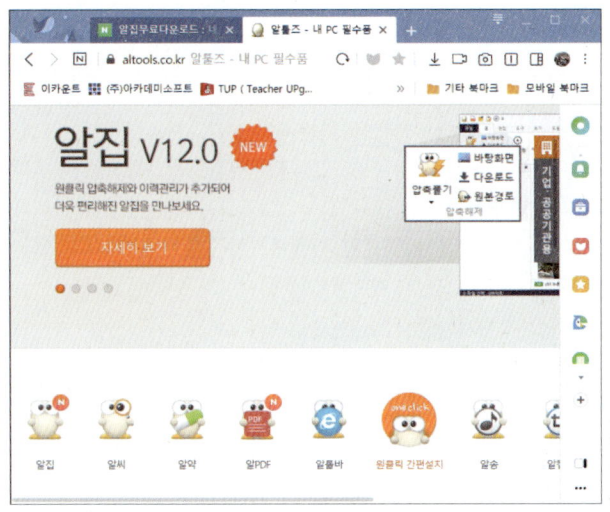
▲ 공식 홈페이지

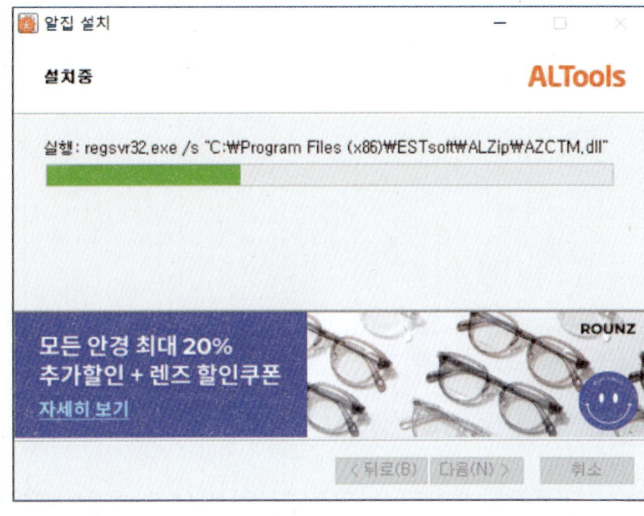
▲ 설치하기

02 [예제파일]-[CHAPTER 11]-[알집 예제파일]에서 '압축_1.hwp', '압축_2.hwp', 두 개의 파일을 선택합니다. 이어서, 마우스 오른쪽 단추를 클릭한 후 '알집으로 압축하기'를 클릭합니다.

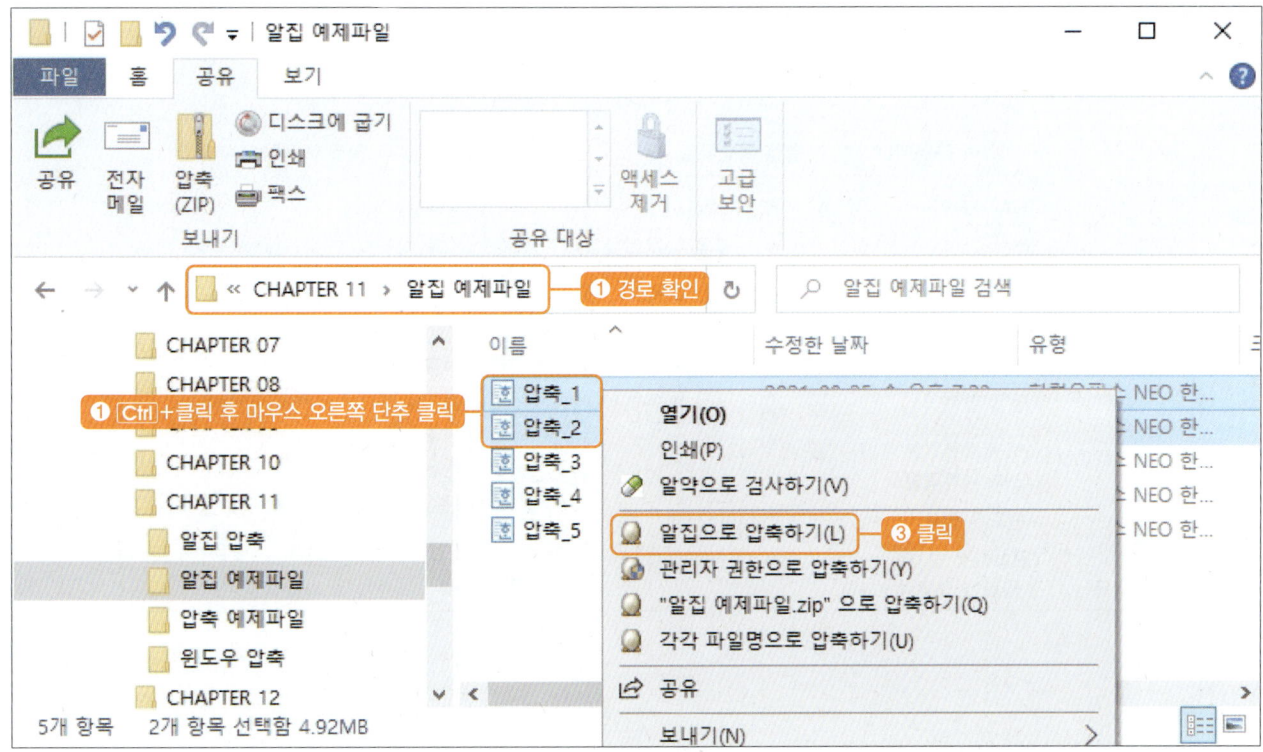

03 원하는 경로와 압축명을 지정한 후 〈압축〉 단추를 클릭합니다.

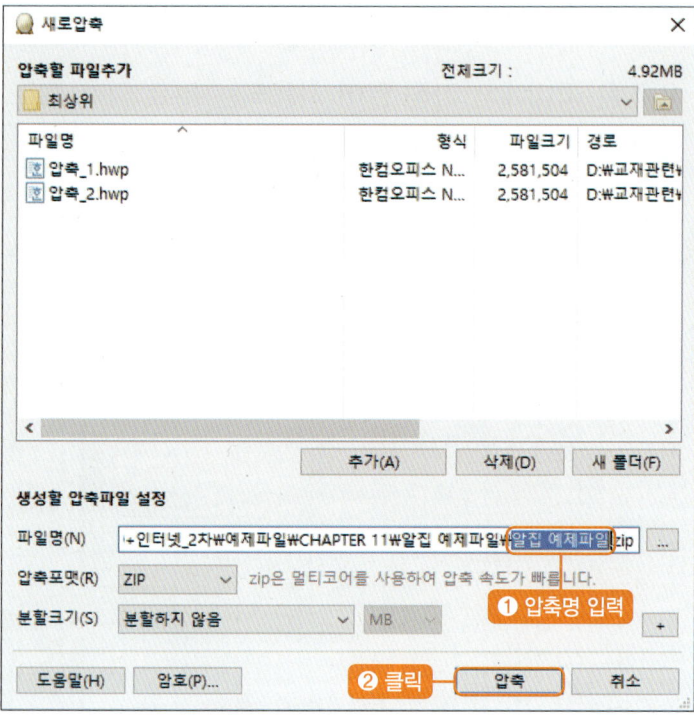

04 압축한 파일을 사용하기 위해선 압축을 풀어야 합니다. 조금전 압축한 파일을 선택한 후 마우스 오른쪽 단추를 클릭하여 [알집으로 압축풀기]를 클릭합니다.

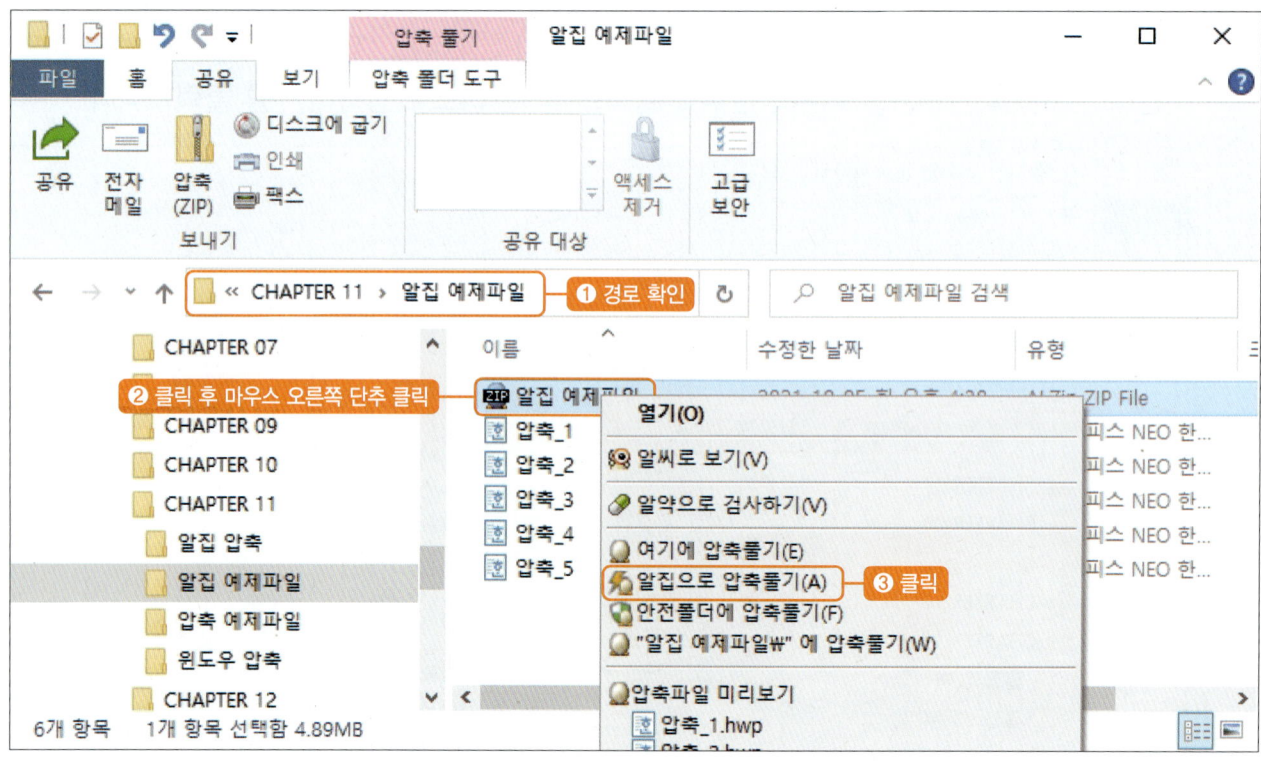

05 [빠르게 압축풀기] 대화상자가 나오면 압축을 해제할 위치를 지정한 후 〈확인〉 단추를 클릭합니다.

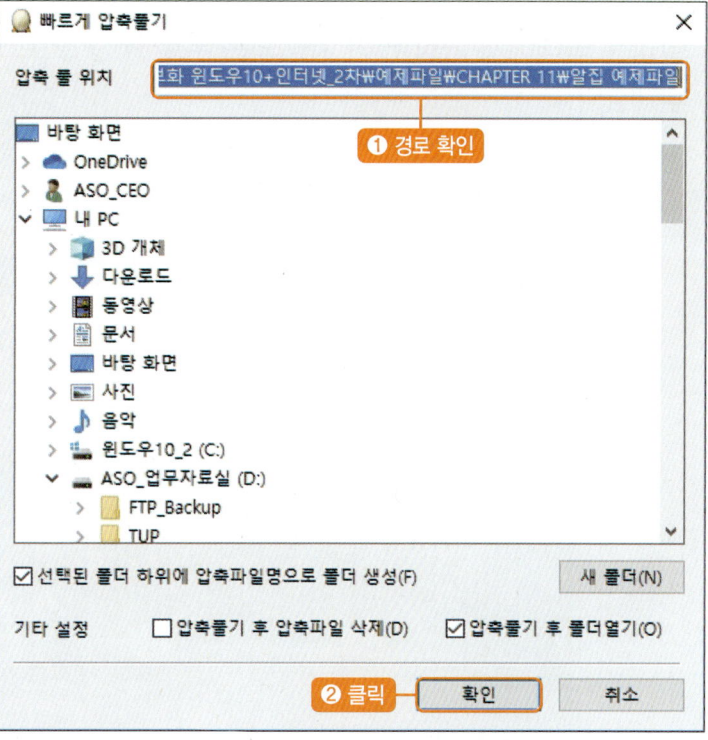

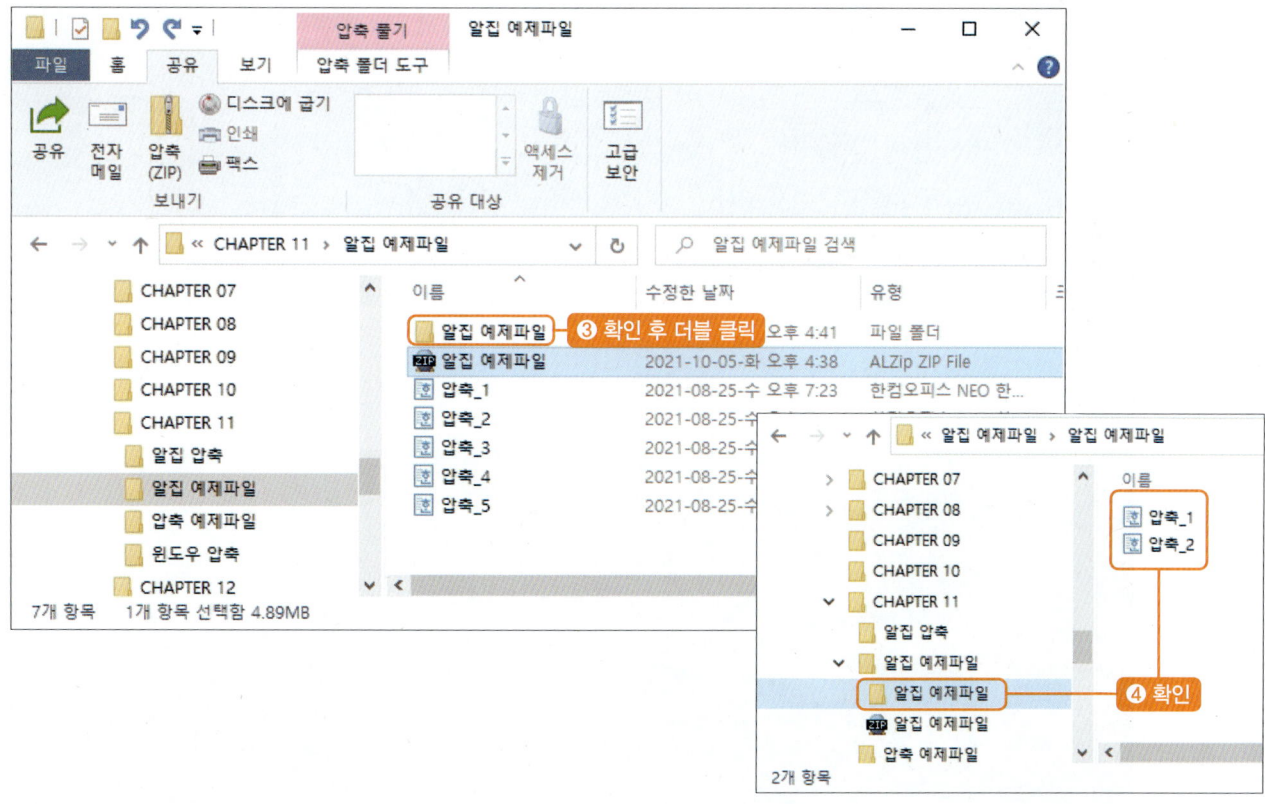

03 무료 백신 프로그램인 알약을 설치해 봅니다.

알약은 국내에서 가장 많이 사용되는 무료 백신 프로그램입니다. 사용 방법을 충분히 이해하고 사용해 보세요.

01 알약을 다운로드하여 설치합니다.

02 [시작] 단추(⊞)를 클릭한 후 [알약]을 클릭합니다.

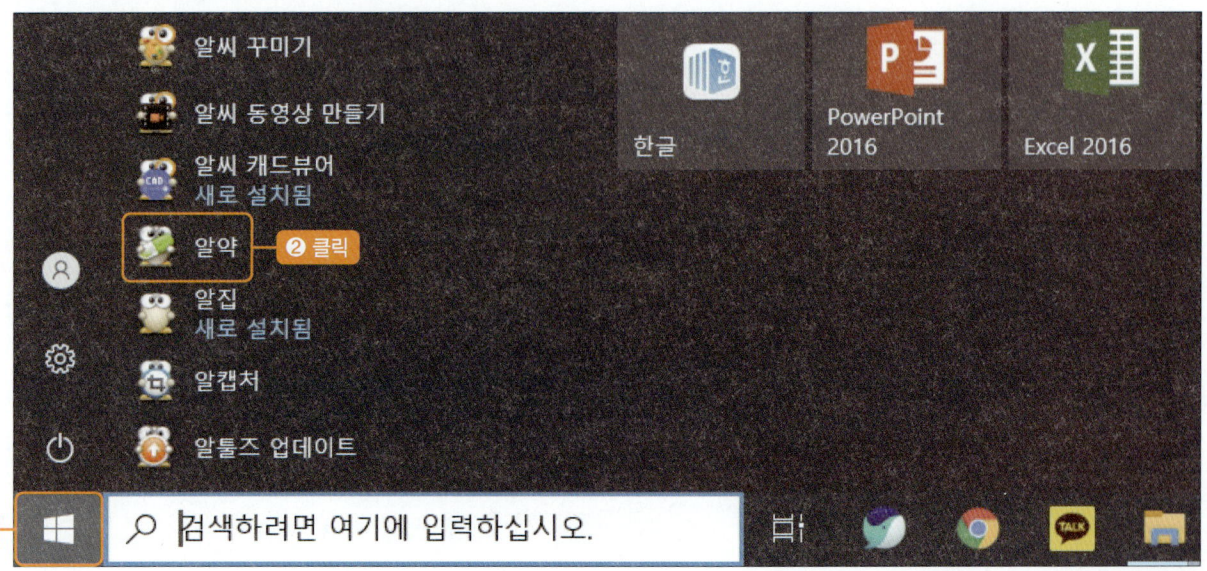

03 [빠른검사]를 클릭하여 내 컴퓨터에 바이러스를 검사하고 치료합니다.

04 바이러스 검사가 진행중이며 〈검사완료 후〉에서 '자동치료'를 하도록 선택합니다.

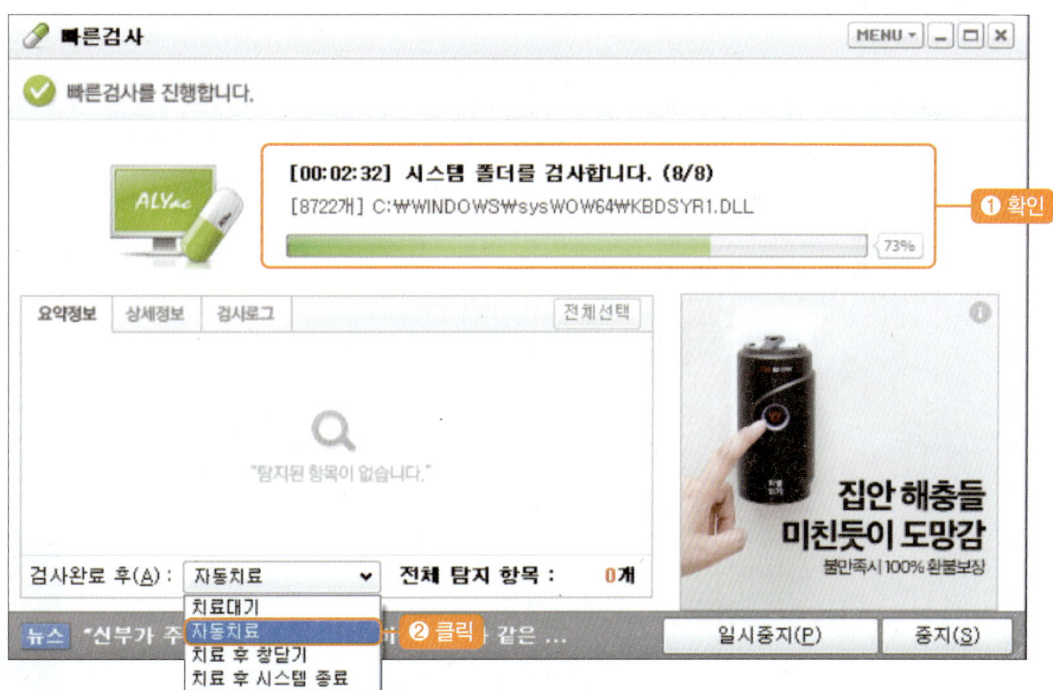

05 바이러스 검사가 종료 되면 아래와 같은 완료 창이 나타납니다.

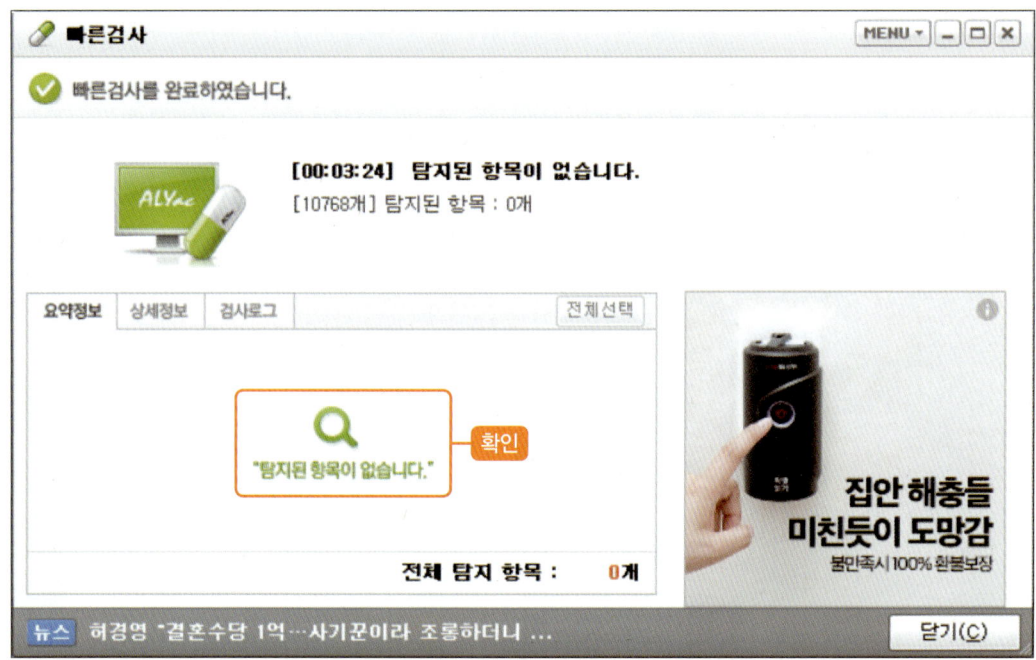

※ 바이러스가 있을 경우 〈요약정보〉에 바이러스 목록이 나옵니다.

04 파일을 정리하고 내 컴퓨터의 성능을 올려보세요.

01 [PC최적화]를 클릭합니다.

02 PC최적화 기능으로 내 컴퓨터를 청소하고, PC 관리로 성능을 업그레이드 할 수 있습니다. 최소 한 달에 한 번씩은 PC최적화를 하는 것이 좋습니다.

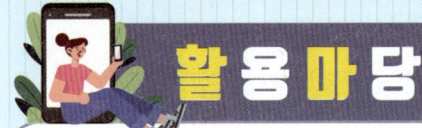

활용마당

1 알집을 이용하여 [예제파일]–[CHAPTER 11]–[알집 예제파일]에서 '압축_1.hwp' ~ '압축_5.hwp', 모든 파일을 선택합니다. 이어서 압축 및 풀기를 해봅니다.

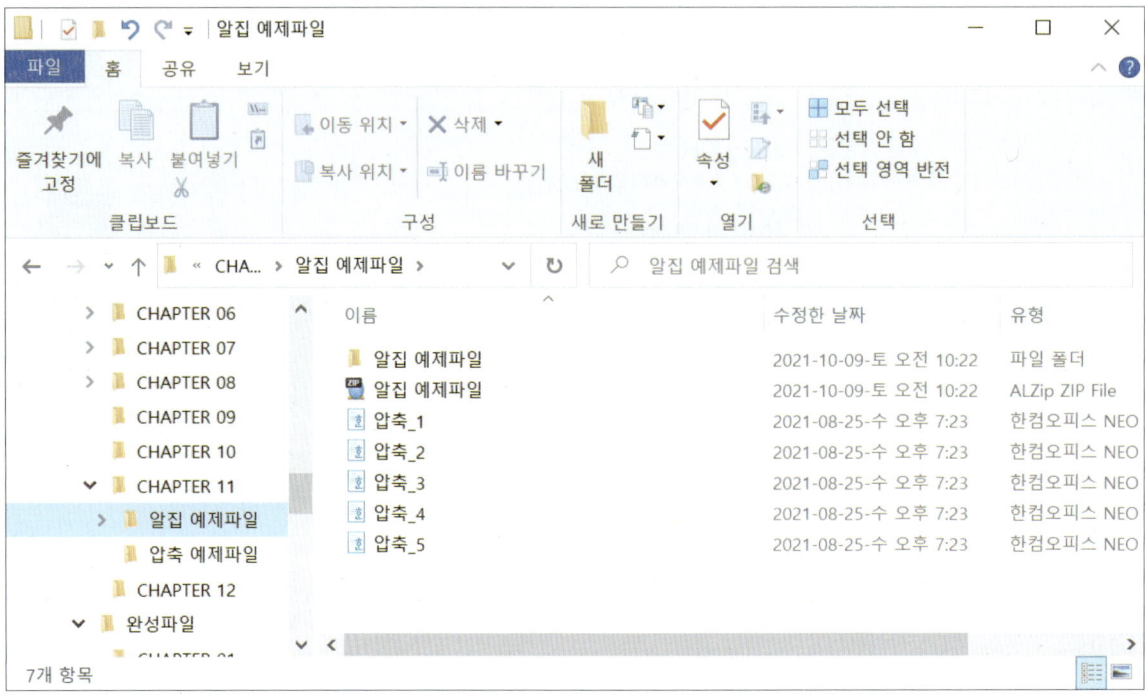

2 윈도우 탐색기를 이용하여 [예제파일]–[CHAPTER 11]–[윈도우 압축]에서 '압축_1.hwp' ~ '압축_5.hwp', 모든 파일을 선택합니다. 이어서 압축 및 풀기 해봅니다.

※ 알집이 설치가 되면 윈도우 탐색기의 압축 및 압축풀기는 알집으로 대체 됩니다.

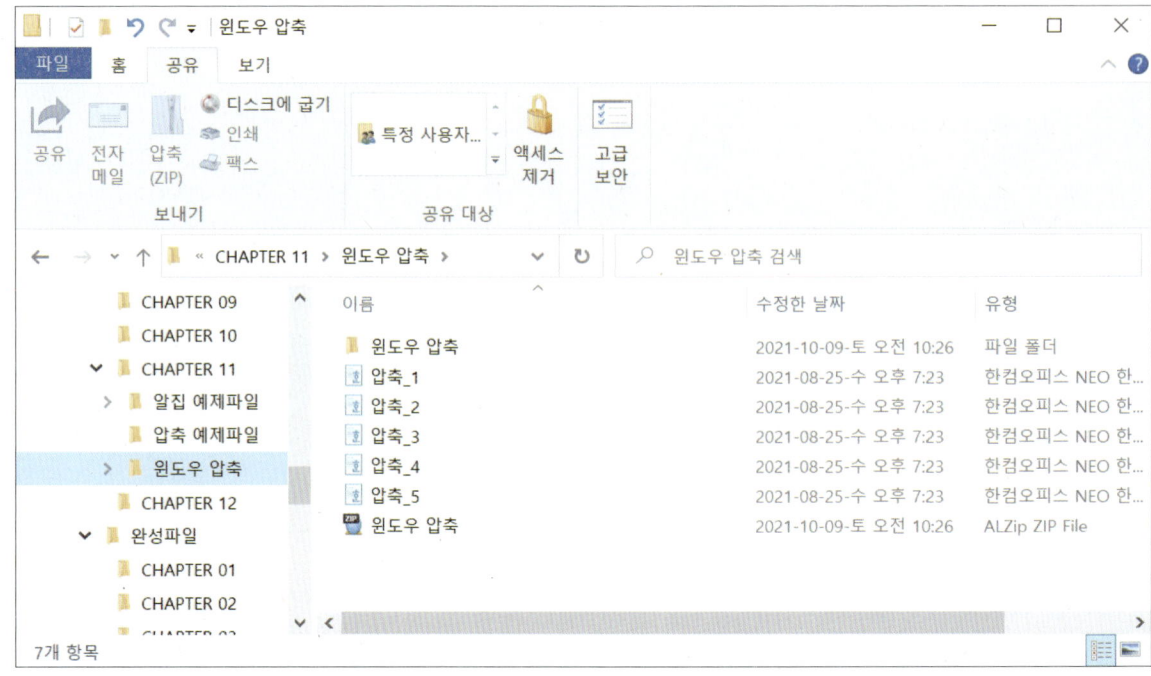

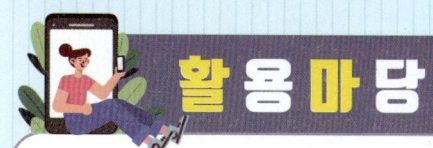

활용마당

❸ 알약 외에도 많은 무료 백신 프로그램들이 있습니다. 어떤 백신 프로그램이 있는지 인터넷으로 검색해보고 정리하도록 합니다.

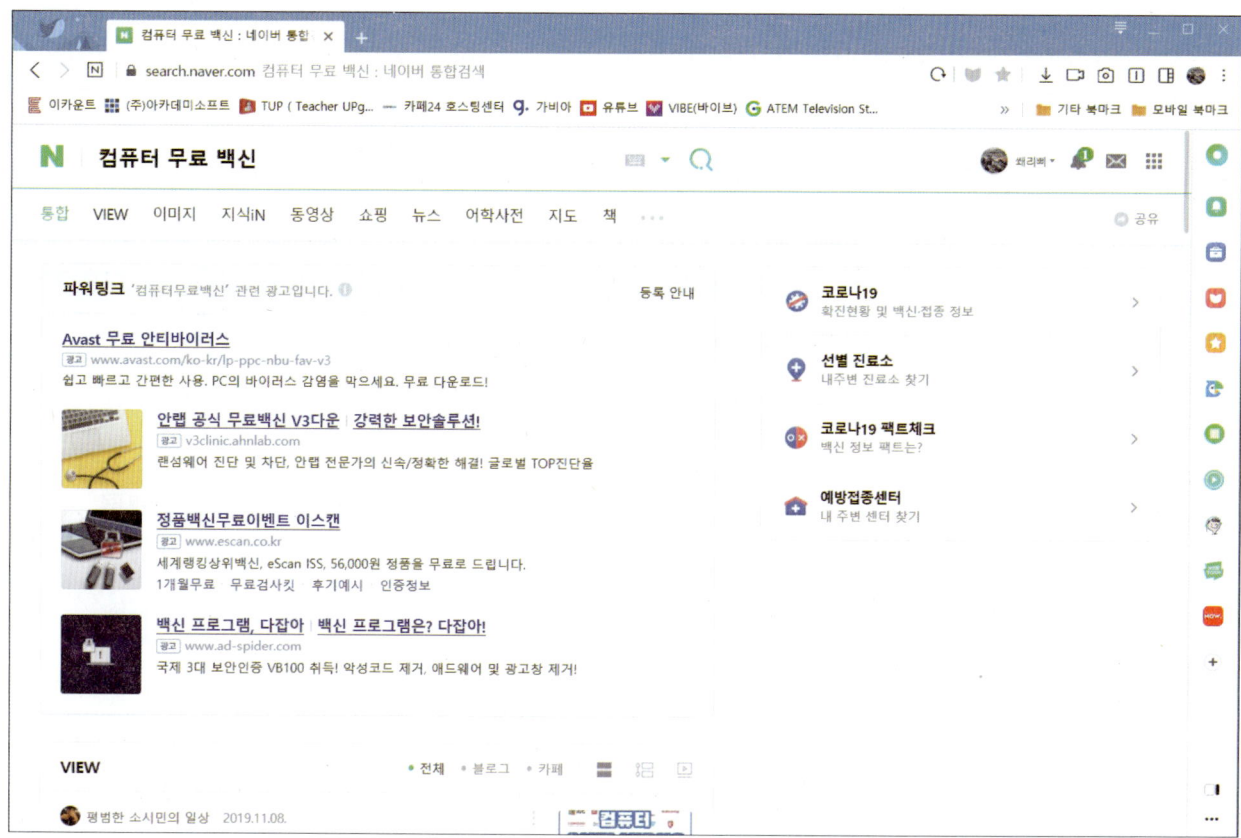

최종 점검하기

01 인간의 뇌에 해당되는 것으로 컴퓨터에서 정보를 기억하고 처리하는데 핵심적인 역할을 하는 장치는 무엇인가요?

① CPU ② VGA ③ RAM ④ HDD

02 컴퓨터 기억장치는 크게 '주기억장치'와 '보조기억장치'로 구분됩니다. 다음 중 보조기억장치에 속하지 않는 것은 무엇인가요?

① 하드디스크 ② RAM ③ USB 메모리 ④ SD 메모리 카드

03 하나의 정보가 저장된 개체로 '문서, 사진, 동영상, 음악' 등과 같이 다양한 형태를 가지고 있는 것을 무엇이라 하나요?

① 폴더 ② 프로그램 ③ 파일 ④ 운영체제

04 현재 우리가 사용하고 있는 윈도우 버전은 무엇일까요?

① Window XP ② Window 7 ③ Window 10 ④ Window 11

05 내가 가장 좋아하는 앱을 앱 타일에 고정시켜 보세요.

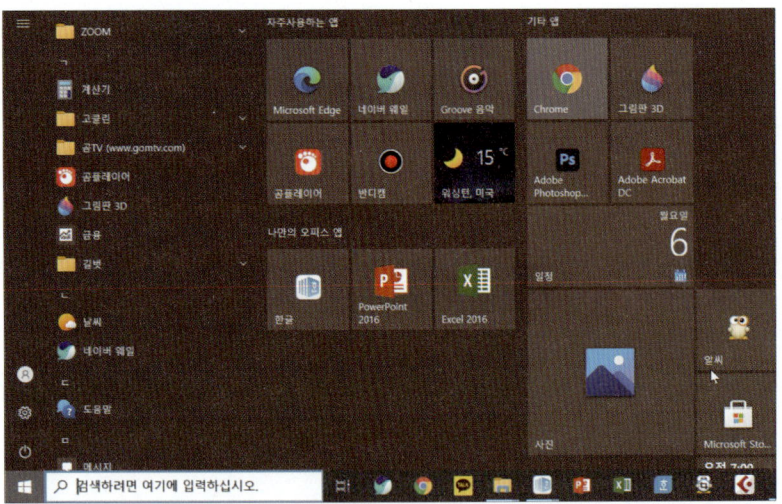

06 바탕화면의 배경화면을 바꾸기 위해 사용되는 메뉴는 어디 있을까요?

① 시작 ② 개인 설정 ③ 작업표시줄 ④ 앱 타일

07 오른쪽 이미지처럼 파일들을 선택하기 위해서는 키보드의 어떤 키를 누른 상태에서 클릭(선택)해야 할까요?

① Space Bar   ② Alt   ③ Ctrl   ④ Shift

이름	날짜	유형	크기	태그
경회루	2016-09-12-월 오후 7:15	알씨 JPG 파일	862KB	
꽃	2016-09-24-토 오후 9:08	알씨 JPG 파일	342KB	
노을	2016-09-26-월 오후 9:07	알씨 JPG 파일	539KB	
배경1	2021-09-02-목 오전 10:55	알씨 JPG 파일	714KB	
배경2	2021-09-02-목 오전 10:55	알씨 JPG 파일	480KB	
배경3	2017-04-03-월 오후 3:41	알씨 JPG 파일	231KB	
배경4	2016-01-19-화 오전 12:55	알씨 JPG 파일	254KB	
배경5	2021-09-02-목 오전 10:55	알씨 JPG 파일	549KB	
배경6	2015-01-27-화 오전 8:56	알씨 JPG 파일	412KB	

08 다음 중 파일 이름 뒤에 '.jpg'가 표시 되게 하려면 어떤 도구를 선택해야 하나요?

① 항목 확인란   ② 파일 확장명   ③ 숨긴 항목   ④ 분류 방법

이름	날짜	유형	크기	태그
경회루.jpg	2016-09-12-월 오후 7:15	알씨 JPG 파일	862KB	
꽃.jpg	2016-09-24-토 오후 9:08	알씨 JPG 파일	342KB	
노을.jpg	2016-09-26-월 오후 9:07	알씨 JPG 파일	539KB	
배경1.jpg	2021-09-02-목 오전 10:55	알씨 JPG 파일	714KB	
배경2.jpg	2021-09-02-목 오전 10:55	알씨 JPG 파일	480KB	
배경3.jpg	2017-04-03-월 오후 3:41	알씨 JPG 파일	231KB	
배경4.jpg	2016-01-19-화 오전 12:55	알씨 JPG 파일	254KB	
배경5.jpg	2021-09-02-목 오전 10:55	알씨 JPG 파일	549KB	

09 다음 중 파일을 복사하는 방법으로 올바르지 않은 것은 무엇인가요?

① 복사할 파일을 선택한 후 Ctrl + C 키를 눌러 복사한다.
② 복사할 파일을 선택한 후 마우스 오른쪽 단추를 눌러 [복사]를 클릭한다.
③ 복사할 파일을 선택한 후 Ctrl 키를 누른 채 복사할 폴더로 드래그한다.
④ 복사할 파일을 선택한 후 리본 메뉴에서 [잘라내기] 도구를 클릭한다.

10 파일 복사와 파일 이동의 차이점을 간략히 적어보세요?

11 인터넷에서 임의의 만화 이미지 1~2컷을 복사하여 새로운 내용을 입력해 보세요.

12 그림판에서 2D와 3D의 차이점을 간략히 적어보세요.

13 [날씨] 앱을 이용하여 현재 서귀포 날씨의 정보(예:23°, 대체로 흐림)를 확인한 후 적어보세요.

14 [날씨] 앱을 이용하여 서울 지역의 과거 날씨를 확인한 후 '7월' 역대 최고 기온을 적어보세요.

15 [알람 및 시계] 앱을 이용하여 현재 러시아 모스코바의 시간을 확인하여 적어보세요.

16 [지도] 앱을 이용하여 3D 도시 중 하나인 '마르세유'를 검색하여 주변 환경을 확인해 보세요.

17 윈도우의 [Microsoft Edge] 웹 브라우저를 열어 '네이버' 사이트에 접속한 후 언론사를 자신이 원하는 언론사로 구독 설정을 해 보세요.

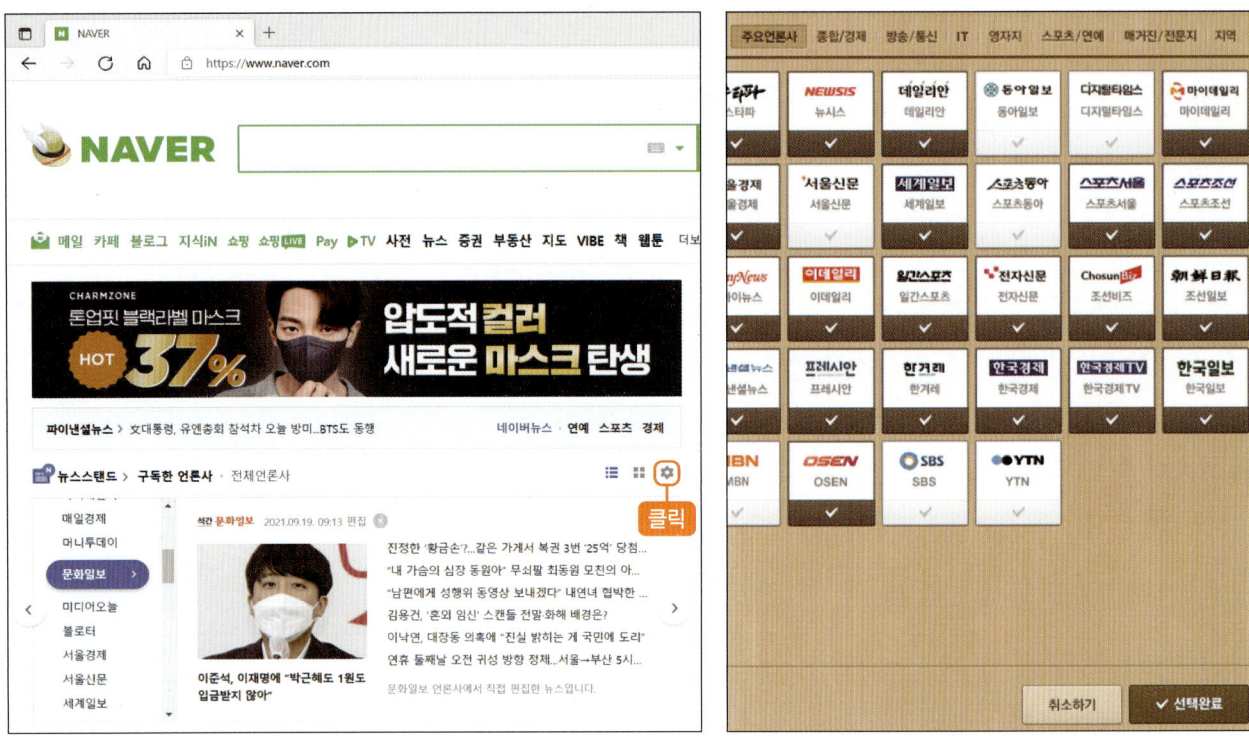

18 [네이버 웨일] 웹 브라우저를 열어 지도를 검색한 후 자신의 집에서 가장 가까운 소방서를 찾아 검색해 보세요.

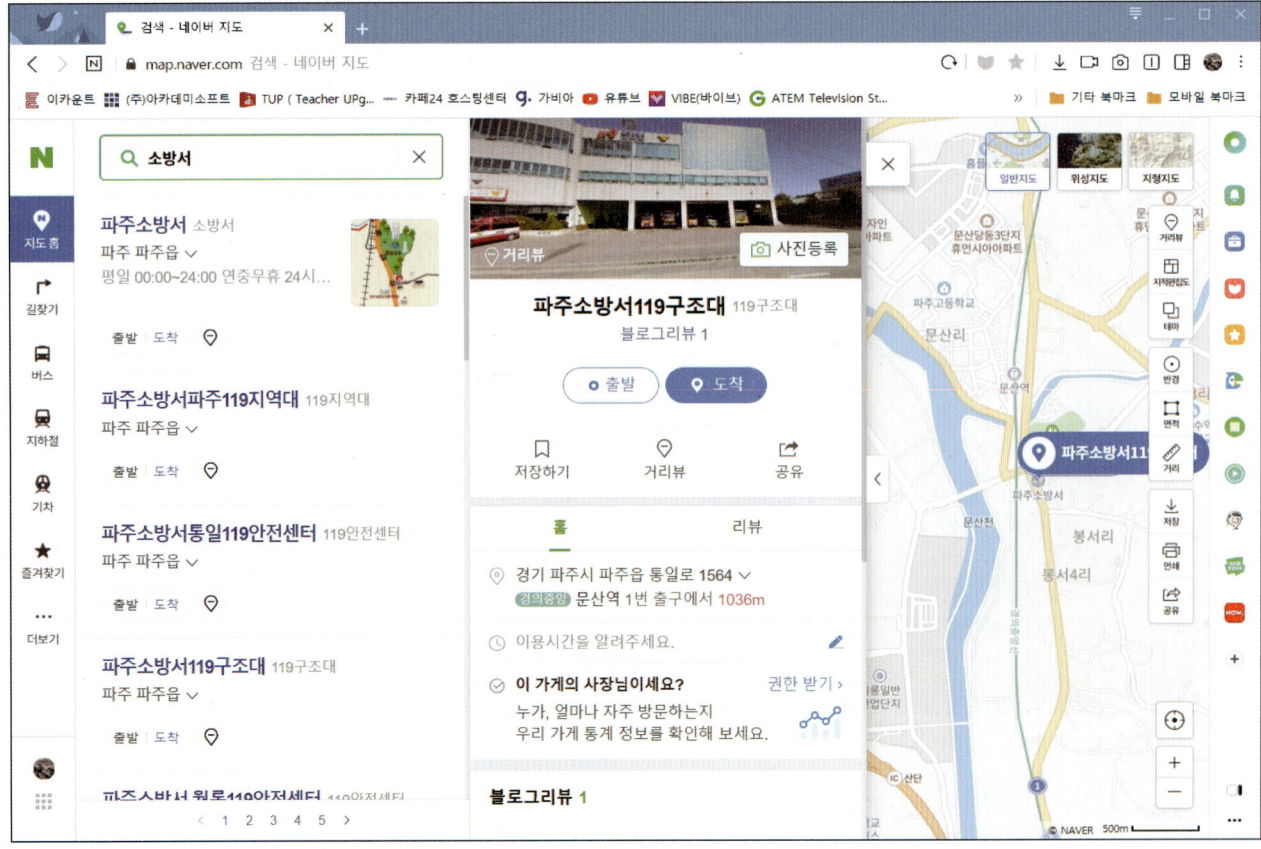

19 [크롬] 웹 브라우저를 열어 '공룡'을 검색한 후 자신이 좋아하는 공룡 이미지를 바탕화면에 저장해 봅니다. 단 저작권(사용권)에 문제 없는 이미지를 저장합니다.

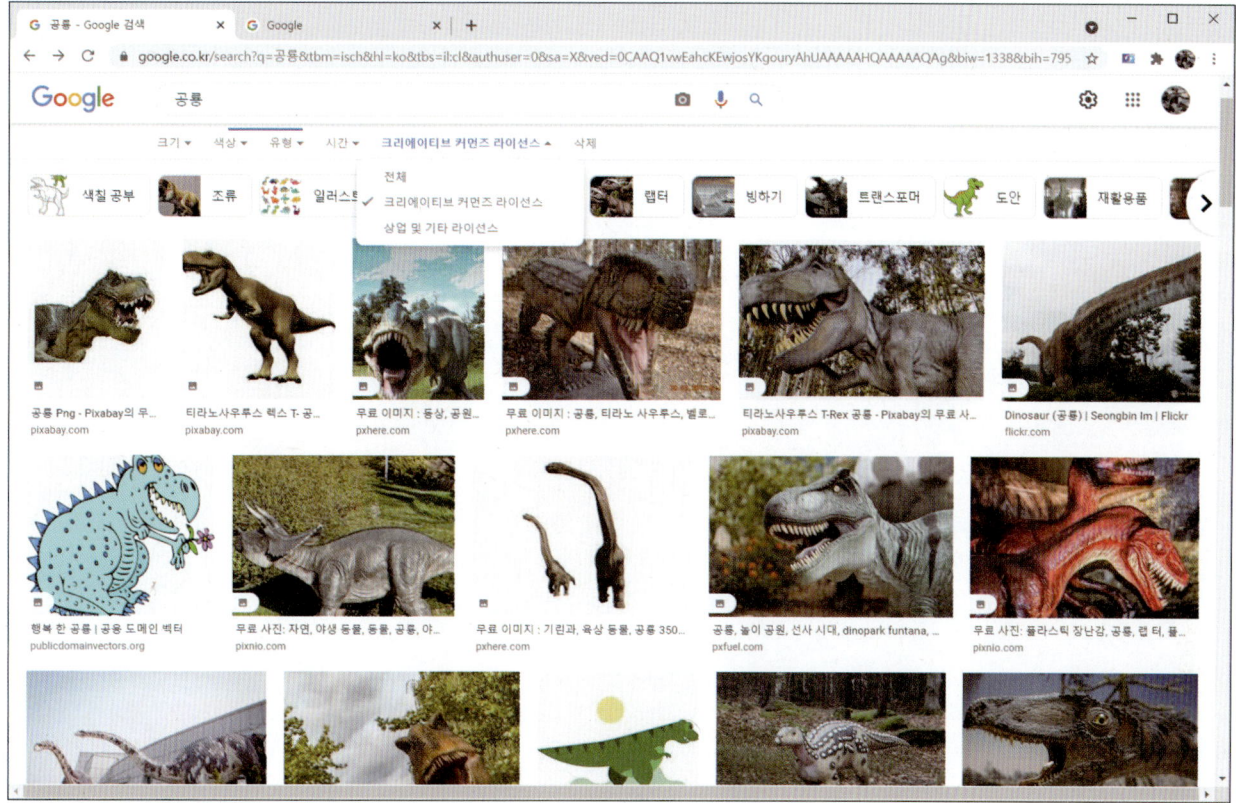

20 자신이 원하는 웹 브라우저로 자유롭게 인터넷 여행을 해봅니다.

MEMO